120 RECETTES À PARTAGER

SAVEURS ORIENTALES

SOLAR

TOUS EN CUISINE !

SOMMAIRE

BATBOUT

POUR 7 BATBOUT ENVIRON • PRÉPARATION : 20 MIN • CUISSON : 30 MIN

REPOS : 1 H 30

250 g de semoule très fine + 200 g de farine + un peu pour le plan de travail
1 cuil. à café de sel + 1 cuil. à soupe de levure boulangère fraîche

Mélangez tous les ingrédients dans un saladier puis versez progressivement un verre d'eau tiède. Mélangez pour obtenir une pâte. Pétrissez-la tout en l'hydratant, 8 minutes à la main ou 5 minutes si vous utilisez un robot à crochet, jusqu'à l'obtention d'une pâte souple, homogène et non collante.

Couvrez-la avec un linge propre et laissez- la lever 1 h 30, à l'abri des courants d'air : elle doit doubler de volume. Au bout de ce temps, sur un plan de travail légèrement fariné, divisez la pâte obtenue en boules égales. Étalez-les progressivement en cercles de façon à obtenir des galettes de 1 cm d'épaisseur.

Faites chauffer une poêle antiadhésive (sans matière grasse), et quand elle est bien chaude, déposez un batbout. Laissez cuire à feu modéré sur une face. Des bulles doivent se former à la surface, et la galette se gonfler d'air. Retournez alors le batbout et faites cuire de l'autre côté. Procédez ainsi pour toutes les galettes.

COCA ALGÉRIENNE

POUR 8 PERSONNES • PRÉPARATION : 40 MIN • REPOS : 2 H 30 À 3 H
CUISSON : 40 MIN

Pour la pâte : 250 ml de lait tiède + 1 cuil. à soupe pour la dorure + 120 g de beurre 100 ml d'huile + 1 cuil. à café de levure chimique + 12 g de levure fraîche ou 1 cuil. à soupe de levure sèche boulangère + 1 cuil. à soupe de vinaigre + 1 cuil. à café de sel 1 cuil. à café de sucre + 1 œuf + 1 jaune d'œuf + 500 g de farine (ou plus jusqu'à ce que la pâte se ramasse) + Olives noires

Pour la farce : 2 oignons ou 1 botte d'oignons nouveaux avec le vert + 4 à 5 gousses d'ail 3 belles tomates grappes bien mûres + 2 à 3 cuil. à soupe d'huile + 1 morceau de blanc de poulet (facultatif) + 1 cuil. à soupe de tomate concentrée + Thym et persil séchés ou frais 1 cuil. à café de ras el-hanout + 1 cuil. à café de piment rouge fort ou de harissa + Sel, poivre

❒ Préparez la pâte. Dans un saladier, versez le lait tiède, le beurre et l'huile. Ajoutez les levures, le vinaigre, le sel, le sucre et l'œuf, puis mélangez. Incorporez progressivement la farine jusqu'à l'obtention d'une pâte homogène mais pas élastique. Filmez et laissez reposer 1 h 30 à 2 heures. Formez ensuite deux boules, filmez-les et laissez reposer 1 heure.

❒ Préparez la farce. Pelez et râpez les oignons et l'ail, lavez et hachez les tomates, sans les peler. Dans une sauteuse, faites chauffer l'huile, ajoutez les oignons, l'ail, et le poulet coupé en dés, et laissez revenir 5 bonnes minutes. Ajoutez la tomate, le concentré, les herbes et les épices, salez, poivrez. Laissez cuire à feu moyen jusqu'à l'absorption totale du liquide en remuant. Laissez refroidir.

❒ Préchauffez le four à 220 °C (th. 7-8). Découpez deux feuilles de papier sulfurisé de la taille de la plaque du four. Aplatissez la première boule de pâte sur une feuille et déposez-la sur la plaque. Étalez la farce en laissant une marge sur les bords. Aplatissez la deuxième boule de pâte sur la deuxième feuille de papier pour l'étaler à la bonne taille et recouvrez-en la farce. Mélangez le lait et le jaune d'œuf et badigeonnez la surface. Coupez des carrés et déposez sur chaque portion une olive.

❒ Enfournez pour 35 à 40 minutes pour avoir une belle couleur dorée. Servez chaud, en parts, avec une salade verte.

CHAKCHOUKA

POUR 4 PERSONNES • PRÉPARATION : 30 MIN • CUISSON : 30 MIN

1 kg de tomates bien mûres + 500 g de poivrons rouges + 3 cuil. à soupe d'huile d'olive
1 petit bouquet de coriandre + 1 petit bouquet de persil plat + 2 gousses d'ail
1 cuil. à café de cumin + 1 cuil. à café de paprika + 1 pincée de piment fort + Sel

❒ Allumez le gril du four. Enfournez les poivrons à mi-hauteur et faites-les griller 15 minutes, jusqu'à ce que la peau noircisse, en les retournant régulièrement. Enveloppez-les dans du papier d'aluminium et laissez-les refroidir pendant une dizaine de minutes.

❒ Pendant ce temps, portez à ébullition une grande quantité d'eau. Plongez-y les tomates pendant 15 secondes, puis passez-les sous l'eau froide. Ôtez la peau et les pépins, puis coupez la pulpe en petits dés.

❒ Pelez soigneusement les poivrons et détaillez-les en petits morceaux. Épluchez et écrasez l'ail. Lavez et essuyez les herbes, puis hachez-les.

❒ Faites chauffer l'huile d'olive dans un faitout. Ajoutez les tomates et les poivrons, les épices, les herbes et l'ail. Salez. Laissez mijoter à feu doux pendant 20 minutes, en remuant de temps en temps, jusqu'à complète évaporation de l'eau. La chakchouka doit être bien onctueuse.

SOUPE AU LAIT ET AU THYM DE BERGER

POUR 4 PERSONNES • PRÉPARATION : 10 MIN • CUISSON : 35 MIN

50 cl de lait entier + 200 g d'orge brisé + 2 cuil. à soupe d'huile d'olive + 1 l d'eau
1 cuil. à café d'origan (thym de berger) séché + 1 cuil. à café bombée de sel fin

- Portez à ébullition l'eau, l'huile d'olive et le sel. Versez l'orge brisé et laissez-le cuire 30 minutes en remuant de temps en temps.
- Ajoutez le lait et poursuivez la cuisson 5 minutes.
- Ajoutez alors l'origan.
- Servez cette soupe avec un pichet de lait et un flacon d'huile d'olive.

SOUPE AUX MILLE VERTUS

POUR 4 PERSONNES • PRÉPARATION : 15 MIN • CUISSON : 35 MIN

6 gousses d'ail + 1 cuil. à soupe de menthe fraîche hachée + 1 cuil. à soupe d'origan frais haché + 1 pincée de pistils de safran + 1 cuil. à café de poivre fraîchement moulu 1 cuil. à soupe d'huile d'olive + 1 cuil. à soupe de farine

- Épluchez les gousses d'ail et gardez-les entières.
- Mettez-les avec tous les ingrédients sauf la farine dans un faitout. Ajoutez 1 l d'eau et portez à ébullition. Réduisez le feu et laissez cuire 20 minutes.
- Délayez la farine dans 1 verre d'eau froide. Hors du feu, incorporez-la dans la soupe en remuant rapidement avec une cuillère en bois, de façon à éviter la formation de grumeaux.
- Remettez la soupe sur le feu et portez de nouveau à ébullition, en remuant constamment, puis laissez cuire à feu doux pendant 10 minutes. Rajoutez un peu d'eau en cours de cuisson si la soupe épaissit trop. Elle doit être veloutée, mais pas dense.

CHORBA AUX LANGUES D'OISEAU

POUR 4 À 6 PERSONNES • PRÉPARATION : 10 MIN • CUISSON : 45 MIN

300 g de viande de veau + 200 g de pâtes langues d'oiseau + 4 tomates + 1 oignon
1 branche de céleri + 1 cuil. à soupe de concentré de tomate + 1 botte de coriandre
1 pincée de gingembre en poudre + 1 cuil. à café de cumin + 1 cuil. à café de paprika rouge doux + 1 cuil. à café de beurre + 2 cuil. à soupe d'huile d'olive + 1 cuil. à café de sel
½ cuil. à café de poivre

- Coupez la viande en petits morceaux. Pelez et émincez l'oignon et les tomates. Découpez le céleri en petits morceaux. Hachez la coriandre.
- Dans une marmite, faites revenir la viande avec l'huile et l'oignon. Salez. Ajoutez les tomates, le gingembre, le paprika, le poivre, le concentré de tomate, le céleri et la coriandre. Couvrez de 2 l d'eau, puis laissez cuire à feu doux pendant 30 minutes.
- Versez les langues d'oiseau et laissez cuire à nouveau 15 minutes.
- Servez dans des bols avec du cumin et du beurre.

HARIRA

POUR 4 PERSONNES • MARINADE : 12 HEURES • PRÉPARATION : 20 MIN
CUISSON : 1 H

300 g d'agneau coupé en petits dés + 150 g de pois chiches + 1 gros oignon + 2 gousses d'ail + 1 petit bouquet de persil plat + 1 petit bouquet de coriandre + ½ cuil. à café de gingembre en poudre + 1 pincée de pistils de safran pilés + 1 bâton de cannelle 2 cuil. à soupe d'huile d'olive + 6 tomates + 150 g de riz + 2 cuil. à soupe de farine ou de Maïzena® + Le jus de 1 citron + Sel et poivre

❒ La veille, mettez les pois chiches à tremper dans un saladier d'eau froide.

❒ Le jour même, épluchez et émincez l'oignon finement. Épluchez et écrasez les gousses d'ail dégermées. Lavez et essuyez le persil et la coriandre, puis hachez-les délicatement.

❒ Mettez l'huile, la viande, l'oignon, l'ail, les pois chiches, la moitié des herbes, le gingembre, le safran et la cannelle dans un grand faitout. Salez et poivrez. Faites dorer en remuant pendant 15 minutes, puis couvrez avec 1,5 l d'eau. Faites bouillonner pendant 1 heure.

❒ Ébouillantez les tomates pendant 15 secondes. Pelez-les, ouvrez-les, épépinez-les et mixez-les. Ajoutez le reste des herbes hachées et 50 cl d'eau. Salez et poivrez.

❒ Versez le coulis de tomates aux herbes et le riz dans le bouillon, faites reprendre l'ébullition et poursuivez la cuisson à feu doux pendant 10 minutes.

❒ Délayez la farine dans 1 verre d'eau et ajoutez-la à la soupe. Poursuivez la cuisson 15 minutes sur feu moyen, sans cesser de remuer.

❒ Ajoutez le jus de citron, mélangez et servez bouillant.

CHORBA AUX LÉGUMES

POUR 4 À 6 PERSONNES • PRÉPARATION : 20 MIN • CUISSON : 45 MIN

4 pommes de terre + 1 courgette + 1 poireau + 2 navets + 3 tomates + 1 oignon
5 branches de persil + ½ botte de coriandre + 2 feuilles de laurier + 1 pincée de thym
1 pincée de noix de muscade + ½ cuil. à café de gingembre en poudre + 2 cuil. à soupe de vermicelles + 1 cube de bouillon (volaille, veau ou bœuf) + 1 sachet de colorant ou de safran + 2 cuil. à soupe d'huile de tournesol + 1 cuil. à café de sel + 1 cuil. à café de poivre

- Lavez, épluchez et coupez les légumes en dés. Pelez et émincez l'oignon, puis hachez le persil et la coriandre.
- Dans un faitout, versez l'huile, ainsi que les légumes, l'oignon, le persil, la coriandre, le gingembre, la noix de muscade, le thym, le laurier et le colorant. Salez et poivrez. Mélangez le tout pendant 2 minutes. Ajoutez 2,5 l d'eau, couvrez, puis laissez cuire à feu doux pendant 30 minutes.
- Ajoutez les vermicelles et émiettez le cube de bouillon. Couvrez et laissez cuire à nouveau 15 minutes.
- Servez dans des assiettes creuses.

BALBOULA

POUR 4 À 6 PERSONNES • PRÉPARATION : 10 MIN • CUISSON : 35 MIN

250 g d'orge concassé + 100 g de farine + 1 petit verre de lait + 1 cuil. à soupe d'huile d'olive + 1 cuil. à café de sel + 1 cuil. à café de poivre blanc

- Faites bouillir 2 l d'eau dans une marmite. Ajoutez l'orge en mélangeant doucement, puis le sel, le poivre et l'huile d'olive. Couvrez et laissez cuire à feu doux pendant 30 minutes en remuant de temps en temps.
- Déliez la farine dans un bol avec 1 verre d'eau froide, à l'aide d'un batteur pour éviter les grumeaux. Versez-la dans la marmite et laissez mijoter 5 minutes.
- Versez le lait, puis portez à ébullition.
- Servez dans des assiettes à soupe.

CHORBA AUX LÉGUMES ET À LA VIANDE

POUR 6 À 8 PERSONNES • PRÉPARATION : 20 MIN • CUISSON : 45 MIN

300 g de viande de veau + 3 pommes de terre + 3 carottes + 1 courgette + 1 poireau
2 navets + 3 tomates + 1 oignon + 2 cuil. à soupe de vermicelles + 5 branches de persil
½ botte de coriandre + 1 pincée de noix de muscade + ½ cuil. à café de gingembre en poudre
+ 1 sachet de colorant ou de safran + 2 cuil. à soupe d'huile de tournesol
2 cuil. à café de sel + 1 cuil. à café de poivre

- Découpez la viande en petits morceaux. Lavez, épluchez et coupez les légumes en dés. Pelez et émincez l'oignon, puis hachez le persil et la coriandre.
- Versez l'huile dans une cocotte. Ajoutez l'oignon, la viande, le persil, la coriandre, le gingembre, la muscade et le colorant. Salez et poivrez. Mélangez le tout pendant 2 minutes, puis couvrez de 2,5 l d'eau.
- Ajoutez les légumes, couvrez et laissez cuire à feu doux pendant 40 minutes, puis ajoutez les vermicelles et faites cuire encore 5 minutes.
- Servez dans des assiettes creuses.

CAROTTES À LA MAROCAINE

POUR 4 PERSONNES • PRÉPARATION : 15 MIN • CUISSON : 15 MIN

800 g de carottes + 15 brins de persil plat + 15 brins de coriandre + 1 gousse d'ail
le jus d'½ citron + 2 pincées de cumin en poudre + 1 pincée de graines de cumin
3 cuil. à soupe d'huile d'olive + Sel, poivre

❒ Lavez et pelez les carottes, puis coupez-les en rondelles pas trop fines, au robot. Rincez le persil et la coriandre, puis hachez-les. Pelez et hachez l'ail.

❒ Faites cuire les carottes à la vapeur pendant 10 minutes, égouttez-les. Faites chauffer l'huile d'olive dans une sauteuse. Ajoutez les carottes, l'ail, le cumin en poudre et les graines de cumin, salez et poivrez. Laissez cuire 5 minutes en remuant, versez dans un plat.

❒ Ajoutez le jus de citron, les herbes, remuez et servez tiède ou à température ambiante.

CONFIT DE FENOUIL AUX OLIVES

POUR 4 PERSONNES • PRÉPARATION : 20 MIN • CUISSON : 20 À 25 MIN

6 beaux fenouils + 2 oignons moyens émincés + 2 cuil. à soupe d'huile + 200 g d'olives vertes ou de petites olives noires dénoyautées + Poivre

Versez l'huile dans une cocotte et faites fondre à feu doux les oignons. Quand ils sont devenus transparents, ajoutez les fenouils émincés et laissez cuire 10 minutes. Ajoutez les olives et poursuivez la cuisson 5 minutes de plus. Poivrez.

TABOULÉ

POUR 4 PERSONNES • PRÉPARATION : 25 MIN • REPOS : 10 MINUTES
RÉFRIGÉRATION : 1 HEURE

4 tomates moyennes coupées en dés + 2 petits concombres libanais (ou ½ concombre européen) coupés en dés + 3 cébettes émincées + 3 cuil. à soupe de jus de citron
100 g de boulgour précuit + 1 bouquet de persil plat + 1 bouquet de menthe
3 cuil. à soupe d'huile d'olive + Sel et poivre

❒ Versez le boulgour dans une jatte. Couvrez-le d'eau bouillante salée à hauteur. Laissez-le gonfler 10 minutes, en remuant de temps en temps. Puis égouttez-le soigneusement et étalez-le dans un grand plat pour le laisser sécher et refroidir.

❒ Pendant ce temps, lavez les herbes, puis effeuillez-les et ciselez-les finement. Dans un saladier, mélangez les tomates, les cébettes, les concombres, le boulgour et les herbes ciselées.

❒ Dans un bol, mélangez le jus de citron avec du sel et du poivre, puis émulsionnez avec l'huile d'olive. Versez le tout sur le taboulé et remuez.

❒ Couvrez le saladier de film alimentaire et réservez 1 heure au réfrigérateur. Mélangez de nouveau avant de servir.

SALADE ORIENTALE

POUR 6 PERSONNES • PRÉPARATION : 15 MIN • CUISSON : 10 MIN

4 carottes moyennes + 2 bulbes de fenouil + 1 orange + 30 g de pignons de pin
3 pincées de cumin en poudre + 1 cuil. à soupe de vinaigre de Xérès + 3 cuil. à soupe d'huile d'olive + Sel et poivre

❒ Dans un saladier, mélangez le vinaigre, du sel, du poivre, une pincée de cumin et l'huile d'olive.

❒ Lavez le fenouil, enlevez les branches externes et coupez le reste en morceaux. Lavez et pelez les carottes. Réservez-en une et coupez les autres en petits bâtonnets. Faites-les cuire dans 5 cm d'eau additionnée du reste de cumin pendant 10 minutes.

❒ Faites dorer les pignons à sec dans une poêle antiadhésive.

❒ Pelez l'orange et prélevez ses quartiers. Mélangez le fenouil, les carottes égouttées, les morceaux d'orange et les pignons. Rectifiez l'assaisonnement si besoin, puis servez aussitôt.

SALADE DE POIVRONS ET TOMATES

POUR 4 PERSONNES • PRÉPARATION : 15 MIN • CUISSON : 30 MIN

3 gros poivrons verts + 2 gros poivrons rouges + 2 tomates + 2 gousses d'ail
40 cl de sauce tomate + 1 cuil. à café de piment doux + 1 cuil. à café de cumin
1 pincée de sucre en poudre + 4 cuil. à soupe d'huile d'olive + 3 cuil. à café de persil ciselé fin + Piment d'Espelette selon le goût

- Épluchez, épépinez et coupez les tomates en petits dés. Écrasez les gousses d'ail. Lavez les poivrons et faites-les griller 15 minutes au four.

- Dans une sauteuse, versez l'huile d'olive, ajoutez les tomates, la sauce tomate, l'ail, le sucre et les épices, et laissez cuire à feu moyen, en remuant régulièrement. Pendant la cuisson des tomates, enlevez la peau des poivrons grillés, épépinez-les et coupez la pulpe en petits dés.

- Ajoutez les dés de poivrons dans la sauteuse ainsi que le persil ciselé, et laissez cuire 15 minutes à feu moyen, en remuant, jusqu'à ce que les tomates et les poivrons soient confits.

OMELETTE AUX OIGNONS

POUR 2 PERSONNES • PRÉPARATION : 10 MIN • CUISSON : 10 MIN

4 œufs + 1 oignon rouge + 1 gousse d'ail + 1 botte de persil + Huile + 50 g de takemarit, ou à défaut 2 à 3 portions de Vache qui rit® ou de St Môret® + Olives vertes dénoyautées
Sel

Hachez finement l'oignon et l'ail. Ciselez le persil. Faites dorer l'oignon et l'ail à la poêle avec de l'huile, puis ajoutez une pincée de sel.

Cassez les œufs dans un saladier, ajoutez les olives coupées en rondelles avec un peu de persil frais. Incorporez le fromage ainsi que l'oignon frit, l'ail et le reste de persil.

Battez les œufs jusqu'à l'obtention d'un mélange homogène, puis faites cuire l'omelette à la poêle : versez la préparation à l'aide d'une louche, de façon à obtenir une épaisseur extrêmement fine, idéalement de la taille d'une crêpe française.

BETTERAVES À L'AIL ET AU CUMIN

POUR 4 PERSONNES • PRÉPARATION : 15 MIN • CUISSON : 1 H 30

3 betteraves moyennes crues + 1 gousse d'ail + Quelques brins de persil
1 cuil. à soupe de jus de citron + 1 cuil. à café de cumin en poudre + 1 pincée de graines de cumin + 2 cuil. à soupe d'huile + Sel et poivre

- Lavez les betteraves. Portez une grande quantité d'eau à ébullition. Plongez-y les betteraves entières et faites-les cuire 1 heure 30. Égouttez-les et laissez-les refroidir.

- Épluchez, dégermez et hachez l'ail. Ciselez le persil lavé et séché.

- Pelez les betteraves, coupez-les en dés et mettez-les dans un saladier. Ajoutez l'ail et le cumin, salez et poivrez. Arrosez avec le jus de citron et l'huile. Parsemez de persil et mélangez.

COURGETTES À LA CHARMOULA

POUR 4 PERSONNES • PRÉPARATION : 10 MIN • CUISSON : 15 MIN

500 g de courgettes + 1-2 tomates râpées + 1 gousse d'ail + 1 cuil. à café de cumin
1 cuil. à café de paprika + 4 cuil. à soupe d'huile d'olive + 3-4 cuil. à soupe d'un mélange de coriandre et persil ciselés + Sel, poivre

- Lavez les courgettes et coupez-les en rondelles. Épluchez la gousse d'ail, ôtez le germe et écrasez-la. Lavez puis râpez les tomates.

- Faites chauffer l'huile d'olive dans une poêle, ajoutez les rondelles de courgettes et laissez cuire 15 minutes, en remuant régulièrement (vous pouvez couvrir pour une cuisson plus rapide). À mi-cuisson, ajoutez le coulis de tomates, l'ail et les épices. Salez et poivrez.

- Continuez à remuer de temps à autre jusqu'à la fin de la cuisson et évaporation complète du liquide. À peine 1 minute avant de retirer les courgettes du feu, ajoutez la coriandre et le persil ciselés. Dégustez tiède ou froid.

ZAALOUK

POUR 4 PERSONNES • PRÉPARATION : 15 MIN • CUISSON : 45 MIN

4 aubergines de taille moyenne + 2 grosses tomates + 3 gousses d'ail + 5 cuil. à soupe d'huile d'olive + 1 cuil. à soupe de piment doux + 1 cuil. à café de cumin + 1 cuil. à soupe de persil et coriandre hachés + Sel, poivre

❒ Épluchez et dégermez les gousses d'ail. Lavez et râpez les tomates. Lavez les aubergines, mettez-les sous le gril du four, et faites-les griller 15 minutes environ, en les retournant plusieurs fois : la peau doit être bien brune de tous les côtés.

❒ Laissez les aubergines refroidir, puis retirez la peau et coupez la chair en petits morceaux. Dans une poêle, faites chauffer l'huile d'olive, ajoutez les morceaux d'aubergines, les tomates râpées, l'ail, le cumin, le piment doux, du poivre et du sel. Laissez cuire, en remuant à l'aide d'une cuillère en bois pour écraser les morceaux d'aubergine et obtenir une purée.

❒ Continuez jusqu'à ce que les aubergines soient confites. Avant de retirer du feu, ajoutez la coriandre fraîche et le persil hachés.

SALADE DE FÈVES

POUR GARNIR 12 PETITS PAINS • PRÉPARATION : 15 MIN • CUISSON : 15 MIN

12 petits pains pitas + 1 kg de fèves fraîches + 1 tomate + Le jus de ½ citron + 2 cuil. à soupe d'huile d'olive + ½ cuil. à café de cumin en poudre + ½ cuil. à café de piment en poudre ½ cuil. à café de paprika + 1 grosse pincée de sel

❒ Écossez, puis pelez les fèves.

❒ Pelez la tomate, épépinez-la puis mixez-la. Pour faciliter cette étape, vous pouvez couper en deux la tomate et la passer sur une râpe à gros trous, la réduisant ainsi directement en purée.

❒ Réunissez les épices, les fèves, la tomate écrasée, l'huile d'olive, le sel et 10 cl d'eau dans une casserole et faites mijoter 15 minutes à couvert. Ensuite, laissez refroidir les fèves cuites et arrosez-les de jus de citron avant d'en garnir les petits pains pitas.

CAROTTES RÂPÉES À L'ORANGE ET À LA CANNELLE

POUR 4 PERSONNES • PRÉPARATION : 15 MIN • CUISSON : 30 MIN

4 carottes + Le jus de 1 orange + 50 g de raisins secs + 1 cuil. à soupe de jus de citron ½ cuil. à café de cannelle + 1 cuil. à café de sucre en poudre + 2 cuil. à soupe d'eau de fleur d'oranger + 1 cuil. à soupe de graines de sésame + 1 pincée de sel

❒ Placez les raisins secs dans un bol, couvrez avec le jus d'orange et faites macérer pendant 30 minutes.

❒ Pendant ce temps, épluchez les carottes, puis râpez-les au robot. Mettez-les dans un saladier. Ajoutez le jus de citron, les raisins secs et le jus d'orange, la cannelle, le sucre, l'eau de fleur d'oranger et le sel. Mélangez bien et placez au réfrigérateur.

❒ Faites griller à sec les graines de sésame dans une poêle antiadhésive pendant quelques minutes, puis saupoudrez-les sur la salade de carottes. Servez bien frais.

SALADE DE LENTILLES AUX SARDINES

POUR 4 PERSONNES • PRÉPARATION : 10 MIN • CUISSON DES LENTILLES : 20 MIN
CUISSON DES CAROTTES : 10 MINUTES

300 g de lentilles blondes + 3 carottes + 3 tomates + 2 échalotes + 1 petit bouquet de persil plat + Le jus de ½ citron + 1 boîte de sardines à l'huile d'olive + 1 cuil. à café de poivre noir + 1 cuil. à café de sel fin

- Faites cuire les lentilles dans deux fois leur volume d'eau.
- Quand elles sont tendres, égouttez-les et laissez-les refroidir.
- Pelez les carottes, détaillez-les en petits dés puis faites-les cuire à l'eau bouillante ou à la vapeur. Laissez-les refroidir.
- Lavez, séchez et hachez le persil plat. Lavez, épépinez et coupez en dés les tomates. Pelez et ciselez les échalotes.
- Ôtez les arêtes des sardines, puis émiettez ces dernières.
- Mélangez délicatement tous ces ingrédients. Ajoutez l'huile de la boîte de sardines, le jus de citron, le sel et le poivre.

SALADE DE POIS CHICHES AU CUMIN

POUR 4 PERSONNES • PRÉPARATION : 10 MIN • TREMPAGE : 24 H

CUISSON : 1 H 30

350 g de pois chiches + 1 oignon rouge + Le jus de 1 citron + 1 cuil. à soupe de persil plat ciselé + 1 cuil. à soupe de cumin moulu + 10 cl d'huile d'olive + 1 cuil. à soupe de bicarbonate de soude + Sel

- Faites tremper les pois chiches 24 heures dans un grand récipient d'eau froide avec 1 cuillerée à café de bicarbonate. Égouttez-les, mettez-les dans une grande casserole ou un petit faitout avec le reste du bicarbonate, couvrez-les largement d'eau, salez et amenez à ébullition. Baissez ensuite le feu, écumez et faites cuire 1 h 30 environ, jusqu'à ce qu'ils soient bien tendres mais sans s'écraser.

- Quand les pois chiches sont cuits, versez-les dans une passoire, rincez-les rapidement sous l'eau courante et laissez-les égoutter. Pendant ce temps, épluchez et hachez très finement l'oignon.

- Mettez les pois chiches dans un petit saladier, saupoudrez le cumin, ajoutez l'oignon haché et mélangez bien.

- Fouettez l'huile et le jus de citron pour obtenir une émulsion homogène. Versez cet assaisonnement sur les pois chiches et mélangez à nouveau. Parsemez de persil ciselé.

HARICOTS BLANCS AUX ÉPICES

POUR 4 PERSONNES • PRÉPARATION : 10 MIN • MARINADE : 12 H • CUISSON : 1 H

300 g de haricots blancs secs + 2 oignons + 1 gousse d'ail + 1 petit bouquet de persil plat
2 cuil. à soupe d'huile d'olive + 1 cuil. à café de cumin moulu + 1 pincée de pistils de safran
Sel et poivre

❒ La veille, mettez les haricots à tremper dans de l'eau froide.

❒ Le jour même, égouttez les haricots. Pelez et émincez finement les oignons. Pelez et écrasez l'ail après avoir retiré le germe. Rincez, essuyez et hachez le persil équeuté.

❒ Mettez l'huile, les oignons, l'ail, le cumin, le safran, les haricots et la moitié du persil haché dans une cocotte. Salez et poivrez. Recouvrez d'eau et portez à ébullition. Couvrez et laissez mijoter à feu doux pendant 1 heure.

❒ Pour servir, saupoudrez le reste du persil haché.

PURÉE D'AUBERGINES

POUR 4 PERSONNES • PRÉPARATION : 10 MIN • CUISSON : 30 MIN

4 aubergines + 3 gousses d'ail + Le jus de 1 citron + 1 petit bouquet de persil
Quelques brins de coriandre + 3 cuil. à soupe d'huile d'olive + Sel et poivre

- Allumez le gril du four. Posez les aubergines sur une grille. Enfournez-les à mi-hauteur et faites-les griller 30 minutes environ, en les re-tournant régulièrement.
- Sortez les aubergines, laissez-les refroidir, puis pelez-les et mettez-les à égoutter dans une passoire pendant 20 minutes.
- Épluchez les gousses d'ail et écrasez-les en prenant soin de retirer le germe. Hachez le persil lavé et équeuté.
- Écrasez les aubergines avec une fourchette, puis incorporez le persil, l'ail, le jus de citron et l'huile.
- Salez et poivrez. Parsemez de brins de coriandre.

POIVRONS FARCIS FRITS

POUR 4 PERSONNES • PRÉPARATION : 20 MIN • CUISSON : 40 MIN

4 petits poivrons rouges + 1 beau bouquet de persil plat + 1 beau bouquet de coriandre fraîche + 4 gousses d'ail + 5 cuil. à soupe d'huile d'olive + Sel et poivre

❐ Préchauffez le gril du four. Enfournez les poivrons et faites-les griller pendant 20 minutes, jusqu'à ce que la peau noircisse, en les retournant régulièrement. Ne les cuisez pas trop, car ils doivent rester un peu fermes. Laissez-les refroidir, puis retirez la peau, le pédoncule et les pépins délicatement, sans abîmer la chair.

❐ Lavez et séchez le persil et la coriandre. Hachez-les finement. Épluchez les gousses d'ail et écrasez-les. Mélangez le persil, la coriandre, l'ail et 1 cuillerée à soupe d'huile d'olive. Salez, poivrez, puis farcissez les poivrons de cette préparation.

❐ Faites chauffer 4 cuillerées à soupe d'huile d'olive dans une grande poêle. Faites-y frire les poivrons pendant 15 à 20 minutes, en les retournant régulièrement et délicatement.

KEBDA MCHERMLA

POUR 6 PERSONNES • PRÉPARATION : 30 MIN • CUISSON : 35 MIN

500 g de foie d'agneau + 5 gousses d'ail + 1 piment fort ou du poivre noir + 1 cuil. à café rase de carvi + 1 cuil. à café rase de poivre rouge + 4 cuil. à soupe d'huile + ½ cuil. à soupe de vinaigre + Sel

Préparez la ***dersa***, mélange d'épices et de condiments : pilez l'ail avec le piment, le carvi, le poivre rouge, le sel et diluez avec ½ verre d'eau. Faites revenir 5 minutes cette préparation dans 3 cuillerées à soupe d'huile.

Dans une poêle, faites revenir à petit feu le foie entier dans le reste d'huile. Coupez-le ensuite en cubes et disposez-les dans la dersa. Mélangez, couvrez et laissez cuire à petit feu 30 minutes. Lorsque le foie est cuit, arrosez de vinaigre, retirez du feu et servez chaud.

M'SMMENS FARCIS

POUR 4 PERSONNES • PRÉPARATION : 30 MIN • CUISSON : 30 MIN

Pour la pâte : 500 g de farine type 55 + 250 g de semoule fine + 2 cuil. à soupe de beurre fondu + 3 cuil. à soupe d'huile de tournesol + 1 cuil. à café de sel
Pour la farce : 1 poivron vert + 1 poivron rouge + 1 oignon + 1 cuil. à café de paprika rouge doux + 6 cuil. à soupe d'huile de tournesol + Sel et poivre

❐ Faites griller les poivrons sur le gaz ou au four. Faites-les suer dans un sac en plastique, puis retirez la peau et coupez-les en petits morceaux.

❐ Préparez la farce : pelez et émincez l'oignon. Faites-le revenir à feu doux dans une poêle avec 1 cuillerée à soupe d'huile, 1 petit verre d'eau, du sel et du poivre. Mélangez avec une cuillère en bois pendant 8 minutes. Ajoutez les poivrons et le paprika. Laissez cuire 10 minutes, jusqu'à ce que l'eau s'évapore.

❐ Dans un plat, versez la farine, la semoule, le sel et 50 cl d'eau tiède. Pétrissez énergiquement pour obtenir une pâte homogène, puis divisez-la en boules moyennes.

❐ Faites fondre le beurre et mélangez-le avec l'huile. Badigeonnez les boules de pâte de cette préparation, puis étalez-les une à une avec les mains en formant un cercle.

❐ Au centre de chaque cercle de pâte, disposez 1 cuillerée à soupe de farce. Repliez dessus le côté gauche, puis le côté droit pour former un rectangle, puis les deux autres côtés pour former un carré. Étalez délicatement la pâte avec les doigts pour obtenir une épaisseur assez fine.

❐ Faites dorer les m'smmens farcis à feu moyen dans une poêle huilée, 2 minutes environ de chaque côté.

❐ Servez aussitôt.

BRIOUATS AU FROMAGE

POUR 12 BRIOUATS • PRÉPARATION : 30 MIN • CUISSON : 10 MIN

250 g de fromage de chèvre ou de brebis frais égoutté + 1 œuf + ½ cuil. à café de thym
12 feuilles de brick + 30 g de beurre clarifié + Huile de friture + Sel et poivre

❒ Battez l'œuf en omelette. Incorporez-le au fromage de chèvre. Salez, poivrez et ajoutez le thym. Mélangez bien.

❒ Prenez une feuille de brick, beurrez-la à l'aide d'un pinceau, puis pliez-la en trois de façon à obtenir un rectangle. Déposez un douzième du mélange au fromage à 3 cm environ de l'une des extrémités du rectangle. Repliez la feuille à angle droit pour recouvrir la farce et former un triangle. Continuez à plier à angle droit jusqu'au bout de la bande. Pour fermer le briouat, insérez l'extrémité de la bande dans le dernier pli du triangle. Renouvelez l'opération jusqu'à épuisement des feuilles de brick et de la farce.

❒ Faites chauffer l'huile de friture dans une grande casserole ou une friteuse. Lorsqu'elle est chaude, plongez-y délicatement les briouats deux par deux. Faites-les dorer uniformément, puis retirez-les à l'aide d'une écumoire et posez-les sur du papier absorbant. Servez chaud.

BRICKS DE LÉGUMES

POUR 4 À 5 PERSONNES (20 BRICKS) • PRÉPARATION : 40 MIN • CUISSON : 40 MIN

500 g de carottes + 500 g de courgettes + 1 poivron vert + 4 pommes de terre
100 g de riz + 1 oignon + ½ botte de coriandre + 1 jaune d'œuf + 10 feuilles de brick
1 cuil. à café d'herbes de Provence + 1 cuil. à café de paprika rouge doux
1 cuil. à café de cumin + 1 cuil. à café de curry + 1 cuil. à soupe d'huile + 20 g de beurre
(facultatif) + ½ l d'huile de tournesol (facultatif) + Sel et poivre

❐ Dans une casserole, faites cuire le riz 10 minutes dans 50 cl d'eau salée.

❐ Lavez, épluchez et coupez les légumes en dés. Pelez et émincez l'oignon, puis hachez la coriandre.

❐ Versez 3 verres d'eau dans le fond d'une cocotte et placez les légumes dans le panier. Fermez et laissez cuire à la vapeur pendant 15 minutes.

❐ Pendant ce temps, faites revenir l'oignon dans une poêle avec 1 cuillerée à soupe d'huile.

❐ Sortez les légumes de la cocotte. Versez-les sur les lamelles d'oignon dans la poêle, puis ajoutez le riz, les épices, le sel, le poivre et les herbes de Provence. Mélangez durant 5 minutes à feu très doux.

❐ Coupez les feuilles de brick en deux. Remplissez-les de farce, puis repliez-les en forme de triangle ou de cigare. Collez les feuilles avec le jaune d'œuf.

❐ Selon vos goûts, vous pouvez faire cuire les bricks au four à 180 °C (th. 6) 10 minutes, auquel cas badigeonnez-les de beurre fondu, ou les faire frire à la poêle, avant de les disposer sur un papier absorbant. Servez chaud ou froid.

BRICKS DE POISSON

POUR 4 À 5 PERSONNES (20 BRICKS) • PRÉPARATION : 40 MIN • CUISSON : 33 MIN

3 tranches de filets de colin + 1 pavé de cabillaud + 200 g de crevettes décortiquées
1 poivron rouge + Le jus de ½ citron + 1 oignon + ½ botte de coriandre + 1 jaune d'œuf
10 feuilles de brick + 50 g de vermicelles chinois + 1 cuil. à café de sauce de soja
1 cuil. à café de paprika rouge doux + 2 cuil. à soupe d'huile + 1 cuil. à café de cumin
20 g de beurre (facultatif) + ½ l d'huile de tournesol (facultatif) + Sel et poivre

- Faites revenir le colin et le cabillaud dans une poêle avec 1 cuillerée à soupe d'huile pendant 8 minutes. Retirez du feu et émiettez les poissons.

- Pelez et émincez l'oignon, puis coupez le poivron en dés. Hachez la coriandre.

- Dans une poêle, versez 1 cuillerée d'huile et ½ verre d'eau. Faites revenir l'oignon, la coriandre, le poivron, le jus de citron, le sel, le poivre et les épices. Mélangez et laissez mijoter 15 minutes à feu doux. Retirez du feu, puis ajoutez le poisson émietté et les crevettes.

- Faites tremper les vermicelles dans de l'eau tiède (de sorte qu'ils soient recouverts) afin qu'ils ramollissent, puis ajoutez-les au poisson avec la sauce de soja.

- Coupez les feuilles de brick en deux. Remplissez-les de farce, puis repliez-les en forme de triangle ou de cigare. Collez les feuilles avec le jaune d'œuf.

- Selon vos goûts, vous pouvez faire cuire les bricks au four à 180 °C (th. 6) 10 minutes, auquel cas badigeonnez-les de beurre fondu, ou les faire frire à la poêle, avant de les disposer sur un papier absorbant. Servez chaud ou froid.

MHANCHA SALÉE AU POULET ET AUX CHAMPIGNONS

POUR 4 PERSONNES • PRÉPARATION : 20 MIN • CUISSON : 30 MIN

Pour la farce : 1 blanc de poulet + 300 g de champignons de Paris émincés + 1 gousse d'ail 100 g de feta coupée en petits morceaux + 40 g de beurre + 2 cuil. à soupe d'huile d'olive Quelques brins de ciboulette ciselés + 2 cuil. à soupe de crème épaisse + Sel, poivre
Pour le pliage : 1 paquet de feuilles de brick ou pâte filo + 1 blanc d'œuf + Beurre et huile pour la dorure

❒ Épluchez la gousse d'ail, émincez-la. Détaillez le blanc de poulet en petits morceaux. Dans une poêle, faites revenir le poulet et l'ail à feu vif, dans 20 g de beurre et l'huile d'olive. Une fois le poulet cuit, réservez-le.

❒ Dans la même poêle, faites sauter avec le beurre restant les champignons, ajoutez la ciboulette, du sel et du poivre. Lorsque le liquide est évaporé, ajoutez la crème. Mélangez puis retirez du feu. Laissez bien refroidir le poulet et les champignons, puis mettez-les dans un saladier et mélangez-les avec la feta. Rectifiez l'assaisonnement.

❒ Préchauffez le four à 190 °C (th. 6-7). Sur le plan de travail, déposez les feuilles de brick ou la pâte filo dans la longueur. Déposez tout le long du bord de la feuille 2 cm de farce. Puis roulez la feuille autour pour obtenir un long boudin. Enroulez ensuite ce boudin sur lui-même en escargot. Badigeonnez l'extrémité du boudin de blanc d'œuf pour le coller. Répétez l'opération pour obtenir 4 mhancha. Déposez-les sur une plaque tapissée de papier sulfurisé, badigeonnez-les de beurre et d'huile, et enfournez. Faites cuire 20 à 25 minutes. Servez chaud.

FEUILLETÉS À L'AGNEAU

POUR 4 PERSONNES • PRÉPARATION : 30 MIN • CUISSON : 35 À 40 MIN

2 rouleaux de pâte feuilletée + 250 g d'agneau cuit au bouillon + 1 gros oignon (ou 2 plus petits) + ¼ poivron rouge + 3 cuil. à soupe d'huile d'olive + 1 cuil. à café de cumin moulu (facultatif) + 1 jaune d'œuf délayé avec un peu d'eau + Sel et poivre

❒ Effilochez l'agneau et écrasez-le. Émincez l'oignon. Taillez le poivron en très petits dés. Faites-les fondre ensemble 15 à 20 minutes à feu modéré avec l'huile. Ajoutez l'agneau, le cumin, salez et poivrez, puis mélangez.

❒ Préchauffez le four à 180 °C (th. 6). Recouvrez une plaque de papier sulfurisé.

❒ Découpez 4 disques de 12 cm dans la pâte feuilletée et 4 autres de 14 cm. Répartissez le mélange à l'agneau sur les petits disques en laissant une bande libre autour que vous humidifiez au pinceau, puis recouvrez avec les plus grands. Soudez les bords en les pressant et recoupez-les avec une roulette crantée.

❒ Posez-les sur la plaque, dorez-les à l'œuf et enfournez pendant 20 minutes environ : la pâte doit bien dorer.

❒ Servez chaud.

BRICKS DE VIANDE HACHÉE

POUR 4 À 5 PERSONNES (20 BRICKS) • PRÉPARATION : 40 MIN • CUISSON : 28 MIN

600 g de viande (au choix) + 1 poivron rouge + 2 oignons + 1 botte de coriandre 1 jaune d'œuf + 10 feuilles de brick + 50 g de vermicelles chinois + ½ cuil. à café d'herbes de Provence + 1 cuil. à café de paprika rouge doux + 1 cuil. à café de curry + 1 cuil. à café de cannelle + 20 g de beurre (facultatif) + 2 cuil. à soupe d'huile d'olive + ½ l d'huile de tournesol (facultatif) + Sel et poivre

Hachez la viande au mixeur. Pelez et coupez les oignons et le poivron en petits dés. Hachez la coriandre.

Versez 2 cuillerées à soupe d'huile dans une poêle. Faites revenir les oignons, la coriandre, le poivron, les herbes de Provence, le sel, le poivre et les épices, puis laissez mijoter 15 minutes à feu doux. Ajoutez la viande, mélangez 2 ou 3 minutes, puis retirez du feu.

Faites tremper les vermicelles dans de l'eau tiède (de sorte qu'ils soient recouverts) afin qu'ils ramollissent, puis ajoutez-les à la viande.

Coupez les feuilles de brick en deux. Remplissez-les de farce, puis repliez-les en forme de triangle ou de cigare. Collez les feuilles avec le jaune d'œuf.

Selon vos goûts, vous pouvez faire cuire les bricks au four à 180 °C (th. 6) 10 minutes, auquel cas badigeonnez-les de beurre fondu, ou les faire frire à la poêle, avant de les disposer sur un papier absorbant. Servez chaud ou froid.

PASTILLA AUX FRUITS DE MER

POUR 6 PERSONNES • PRÉPARATION : 30 MIN • CUISSON : 50 MIN

500 g de calamars + 500 g de crevettes + 500 g de filets de poisson (cabillaud, requin, merlan, lotte…) + 8 feuilles de brick + 50 g de beurre fondu + 1 jaune d'œuf
200 g de vermicelles de riz + 25 g de champignons noirs + Quelques olives vertes dénoyautées et coupées en petits dés

Pour la charmoula : 1 bouquet de persil + 1 bouquet de coriandre + 2 gousses d'ail + Le jus de 2 citrons + 4 cuil. à soupe d'huile d'olive + 2-3 cuil. à soupe de concentré de tomates
2 cuil. à soupe de sauce soja

Pour les épices : 2 cuil. à soupe de paprika + 2 cuil. à soupe de cumin
1 cuil. à café de piment fort (selon le goût) + Sel, poivre

Pour décorer : crevettes entières + Quartiers de citron + Persil ciselé + Olives vertes

❐ Réhydratez les champignons dans de l'eau bouillante. Pendant ce temps, préparez la charmoula : épluchez et hachez les gousses d'ail ; émincez les herbes et mélangez-les à l'ail et aux épices ; ajoutez l'huile d'olive, le jus de citron, le concentré de tomates et la sauce soja. Décortiquez les crevettes ; lavez et coupez les filets de poisson en cubes. Réservez-les dans des plats séparés, ainsi que les calamars, et assaisonnez- les avec la moitié de la sauce charmoula.

❐ Saisissez successivement le poisson, les crevettes et les calamars dans une poêle. Égouttez-les, puis filtrez le jus de cuisson et réservez-le. Plongez les vermicelles de riz quelques minutes dans de l'eau bouillante, égouttez-les et coupez-les en petits morceaux à l'aide d'une paire de ciseaux. Égouttez les champignons et hachez-les.

❐ Dans une poêle, mettez les vermicelles, les champignons, le reste de la charmoula et le jus de cuisson. Salez si nécessaire, pimentez selon le goût. Remuez quelques minutes à feu moyen. Laissez complètement refroidir. Ajoutez les poissons et fruits de mer et les olives vertes. Préchauffez le four à 180 °C (th. 6).

❐ Confectionnez la pastilla : beurrez un plat rond allant au four, ainsi que les feuilles de brick, disposez 4 feuilles dans le moule en les faisant chevaucher et en les laissant déborder. Mettez une feuille au centre pour consolider le fond. Étalez dessus la farce. Recouvrez de 1-2 feuilles bien beurrées, et rentrez les bords vers l'intérieur du moule en fixant avec du jaune d'œuf battu. Piquez la pastilla. Badigeonnez le dessus de beurre fondu. Enfournez et faites cuire 30 à 40 minutes. Servez la pastilla bien chaude, décorée de crevettes, citron, persil, olives vertes...

CHAUSSONS À L'ORIENTALE À L'AGNEAU

POUR 4 À 5 PERSONNES • PRÉPARATION : 40 MIN • REPOS : 1 HEURE
CUISSON : 1 H

Pour la pâte : 80 g de beurre + 200 g de farine + un peu pour le plan de travail
50 g de farine complète + 1 pincée de cumin en poudre + 1 pincée de noix de muscade en poudre + 2 cuil. à soupe d'huile d'olive + Sel

Pour la garniture : 200 g de gigot d'agneau + 1 œuf + 25 g d'amandes entières
1 cuil. à café de concentré de tomate + 1 oignon + 5 tiges de coriandre + 1 pincée de ras el-hanout + 1 pincée de graines de cumin + 1 pincée de paprika + Sel et poivre

❐ Dans un saladier, versez la farine blanche, la farine complète, le cumin, la noix de muscade et une pincée de sel. Mélangez, puis ajoutez le beurre coupé en petits dés. Travaillez du bout des doigts pour obtenir un mélange sableux. Versez l'huile d'olive et 3 ou 4 cuillerées à soupe d'eau froide, amalgamez rapidement et formez une boule. Couvrez de film étirable et laissez reposer au frais pendant 1 heure.

❐ Faites dorer les amandes 3 minutes, à feu très doux, dans une petite poêle antiadhésive. Hachez-les grossièrement. Coupez l'agneau en dés. Pelez l'oignon et coupez-le en quatre. Rincez la coriandre, essorez-la, puis effeuillez-la. Versez dans le bol du robot l'oignon, l'agneau et la coriandre, puis mixez quelques secondes. Versez dans un saladier.

❐ Séparez le jaune d'œuf du blanc. Ajoutez le blanc d'œuf dans le saladier, ainsi que les amandes hachées, les graines de cumin, le paprika, le ras el-hanout et le concentré de tomate. Salez, poivrez et mélangez.

❐ Préchauffez le four à 150 °C (th. 5). Étalez assez finement la pâte sur un plan de travail fariné. Découpez 15 cercles à l'aide d'un emporte-pièce de 10 cm de diamètre. Garnissez-les d'une cuillerée de farce à l'agneau et repliez-les pour former des chaussons. Soudez les bords avec un peu d'eau. Rangez-les sur une plaque à pâtisserie.

❐ Décorez les bords des chaussons de petits traits à l'aide d'une fourchette et piquez la surface de quelques petits trous. Badigeonnez les chaussons de jaune d'œuf dilué dans 1 cuillerée à soupe d'eau. Faites cuire 15 minutes au four, puis dégustez chaud.

COUSCOUS ROYAL

POUR 8 PERSONNES • PRÉPARATION : 30 MIN • REPOS : 1 NUIT • CUISSON : 2 H

1 kg d'épaule d'agneau en morceaux + 1 kg de morceaux de poulet + 1 kg de merguez 500 g de navets + 500 g de carottes + 500 g de courgettes + 150 g de pois chiches 1 kg de semoule + 3 oignons + 1 cuil. à café de safran + 1 cuil. à café de paprika + 1 botte de coriandre + 200 g de beurre + Sel et poivre

❒ La veille, faites tremper les pois chiches dans de l'eau froide.

❒ Le lendemain, épluchez et coupez les oignons en rondelles. Mettez l'agneau dans le fond du couscoussier et ajoutez les oignons, les pois chiches, le safran et le paprika. Salez et poivrez. Versez 4 l d'eau, portez à ébullition et laissez mijoter pendant 1 heure environ.

❒ Versez la semoule dans un saladier et ajoutez 1 verre d'eau chaude, salez, mélangez. Égrenez, puis mettez-la dans le panier du couscoussier. Dès que la vapeur traverse la semoule, reversez-la dans le saladier. Réservez.

❒ Préparez les légumes. Épluchez et coupez les navets et les carottes en morceaux. Lavez et coupez les courgettes en rondelles. Après 1 heure de cuisson, retirez l'agneau du bouillon et ajoutez le poulet, les navets et les carottes. Laissez cuire pendant 30 minutes, puis mettez les courgettes et la botte de coriandre (préalablement ficelée).

❒ Remettez la semoule dans le panier du couscoussier pour 20 minutes environ. Replacez la viande d'agneau dans le couscoussier 10 minutes avant la fin de la cuisson afin qu'elle soit servie chaude.

❒ Faites cuire les merguez dans une poêle pendant 10 minutes. Servez le couscous dans un grand plat, ajoutez le beurre à la semoule bien chaude ainsi que les légumes, en n'oubliant pas de retirer la botte de coriandre, puis la viande. Servez le bouillon dans un plat à part.

COUSCOUS AUX TROIS VIANDES

POUR 6 PERSONNES • PRÉPARATION : 20 MIN • REPOS : 25 MIN • CUISSON : 48 MIN
MIJOTAGE : 1 H 15

Pour la graine de couscous : 700 g de semoule de couscous fine + 6 cuil. à soupe d'huile 25 g de beurre + Sel

Pour la garniture : 350 g de collier de bœuf + 350 g d'épaule d'agneau + 2 cuisses de poulet + 3 courgettes moyennes + 2 oignons + 3 gousses d'ail + 1 piment + 1 cuil. à soupe de double concentré de tomate + 1 cuil. à soupe de ras el-hanout + 1 cuil. à café de poivre noir + ½ cuil. à café de poivre rouge en poudre + 3 cuil. à soupe d'huile + Sel

❒ Préparez la semoule. Mettez-la dans une passoire, passez-la sous un filet d'eau. Égouttez, puis versez dans un grand plat.

❒ Ajoutez 4 cuillerées à soupe d'huile, puis mélangez avec les mains et laissez reposer 15 minutes jusqu'à ce que la semoule absorbe l'eau et gonfle. Roulez la semoule entre vos mains jusqu'à ce que la graine soit bien détachée. Remplissez à moitié d'eau (ou de bouillon) la partie basse du couscoussier et portez à ébullition. Déposez la semoule dans la partie haute. Placez sur la marmite et laissez cuire 20 minutes jusqu'à ce que la vapeur s'échappe abondamment à travers le couscous. Retirez du feu. Versez la semoule dans le grand plat et humectez de 3 verres d'eau. Aérez la graine à l'aide d'une cuillère en bois. Salez, mélangez et laissez sécher 10 minutes. Ajoutez 2 cuillerées à soupe d'huile et égrenez le couscous entre les mains. Passez à la vapeur pendant 20 minutes. Versez le couscous dans le grand plat et incorporez le beurre. Réservez. Épluchez les gousses d'ail et les oignons ; hachez-les. Coupez la viande de bœuf et d'agneau en morceaux. Lavez les courgettes et enlevez les extrémités, puis coupez-les en quatre.

❒ Chauffez l'huile dans une marmite. Faites revenir les morceaux de viande (bœuf et agneau), sur feu doux pendant 3 minutes. Ajoutez l'ail et les oignons, remuez puis incorporez le double concentré de tomate. Salez et assaisonnez avec les épices. Mouillez avec 1,5 l d'eau, mélangez et laissez mijoter pendant 1 heure 15 sur feu moyen. Ajoutez le poulet. Continuez la cuisson pendant 10 minutes à feu moyen. Ajoutez les courgettes, le piment, et faites cuire pendant 15 minutes. Servez le couscous dans un grand plat avec les viandes, et les courgettes . Présentez la sauce.

COUSCOUS D'AGNEAU

POUR 8 PERSONNES • PRÉPARATION : 30 MIN • CUISSON : 2 H 10

2 kg d'épaule d'agneau désossée, en morceaux + 2 oignons + 3 gousses d'ail
400 g de tomates pelées, égouttées (en conserve) + 300 g de pois chiches au naturel (en conserve) + 4 carottes + 4 petites courgettes + 4 petits navets + ½ cuil. à café de curcuma + ½ cuil. à soupe de paprika + ½ cuil. à soupe de cumin en poudre
1 petit morceau de bâton de cannelle + 1 grosse pincée de safran + 1 cuil. à soupe de concentré de tomate + 1 petit bouquet de coriandre et de persil plat, en mélange
500 g de semoule précuite + 3 cuil. à soupe d'huile d'olive + 30 g de beurre + Sel et poivre
Pour servir : Harissa

❒ Épluchez les légumes. Coupez les oignons et les navets en deux ou en quatre, les carottes et les courgettes en gros bâtonnets. Pelez l'ail.

❒ Faites chauffer l'huile à feu moyen dans un faitout. Étalez les oignons et l'ail, posez l'agneau dessus et faites-le colorer, sans dorer. Saupoudrez les épices et couvrez d'eau. Ajoutez cannelle, tomates, concentré et bouquet d'herbes. Salez, poivrez et amenez à petite ébullition. Faites cuire 1 h 30.

❒ Ajoutez les carottes, les courgettes et les navets, et poursuivez la cuisson 30 minutes. Rincez et égouttez les pois chiches, ajoutez-les et laissez cuire 10 minutes.

❒ Mettez la semoule dans un plat avec le beurre en morceaux et versez 50 cl d'eau bouillante. Couvrez et laissez gonfler 5 minutes. Égrenez-la à la fourchette. Disposez-la en dôme sur un plat chaud et creusez le centre. Placez-y les légumes et l'agneau, puis versez un peu de bouillon.

❒ Mélangez une louche de bouillon avec 2 ou 3 cuillerées de harissa. Servez à part.

TAJINE DE VIANDE HACHÉE AUX ŒUFS

POUR 4 PERSONNES • PRÉPARATION : 15 MIN • CUISSON : 30 MIN

600 g de viande de bœuf + 4 oignons + 1 échalote + 1 botte de coriandre + 3 branches de persil + 4 œufs + 2 cuil. à café de paprika rouge doux + 1 cuil. à café de gingembre en poudre + 1 pincée de noix de muscade + ½ cuil. à café de colorant ou de safran 3 cuil. à soupe d'huile de tournesol + Sel et poivre blanc

❒ Hachez la viande dans un mixeur. Pelez et coupez les oignons en lamelles. Hachez la coriandre et l'échalote séparément.

❒ Dans un plat à tajine, versez 2 cuillerées à soupe d'huile, les oignons, le paprika, le colorant et la moitié de la coriandre. Salez et poivrez. Mélangez le tout, faites revenir pendant 2 minutes, puis ajoutez 1 verre d'eau. Couvrez et laissez cuire 20 minutes à feu doux, en surveillant de temps en temps.

❒ Pendant ce temps, mélangez dans un saladier la viande hachée, 1 cuillerée à soupe d'huile, l'échalote, le reste des épices et de coriandre. Salez et poivrez, puis confectionnez des petites boulettes.

❒ Disposez les boulettes 5 minutes avant de servir dans le plat à tajine sur le lit d'oignons. Cassez les œufs dessus sans percer les jaunes, puis salez et poivrez.

❒ Couvrez le plat et laissez cuire 5 minutes.

❒ Servez bien chaud, décoré de quelques brins de persil.

TAJINE DE BOULETTES À LA TOMATE

POUR 4 PERSONNES • PRÉPARATION : 40 MIN • CUISSON : 1 H

Pour les boulettes de viande : 600 g de viande hachée (gigot d'agneau ou filet de bœuf) + 1 oignon + Quelques brins de coriandre + Quelques feuilles de menthe Quelques feuilles de marjolaine + 1 petit bouquet de persil + 1 cuil. à soupe d'huile d'olive ½ cuil. à café de paprika + ½ cuil. à café de cumin + ½ cuil. à café de ras el-hanout 1 pincée de piment fort + 1 cuil. à café de sel
Pour la sauce : 1 kg de tomates + 1 oignon + 1 gousse d'ail + Quelques brins de persil plat Quelques brins de coriandre fraîche + 5 cl d'huile d'olive + ½ cuil. à café de paprika 1 pincée de piment fort

❐ Préparez les boulettes de viande. Épluchez et émincez finement l'oignon. Hachez les herbes. Mélangez tous les ingrédients. Formez des boulettes de la taille d'une noix.

❐ Portez une grande quantité d'eau salée à ébullition. Plongez-y délicatement les boulettes de viande et faites-les pocher 10 minutes, en prenant soin qu'elles ne s'écrasent pas. Égouttez-les et déposez-les sur une assiette. Procédez en plusieurs fois si nécessaire.

❐ Ébouillantez les tomates pendant 15 secondes, puis passez-les sous l'eau froide. Pelez-les, épépinez-les et coupez-les en morceaux. Réunissez tous les ingrédients de la sauce dans un faitout. Mouillez avec 25 cl d'eau. Portez à ébullition et faites cuire sur feu moyen pendant 45 minutes environ.

❐ Ajoutez les boulettes et laissez mijoter 15 minutes environ, jusqu'à ce que l'eau soit évaporée et la sauce réduite. Servez très chaud.

COUSCOUS BŒUF-CAROTTES

POUR 6 PERSONNES • PRÉPARATION : 30 MIN • CUISSON : 2 H 15

Pour la graine de couscous : 700 g de semoule de couscous fine + 100 g de raisins secs
6 cuil. à soupe d'huile + 25 g de beurre + Sel
Pour la garniture : 1 kg de bœuf (collier ou épaule) + 500 g de potiron + 6 carottes
380 g de tomates pelées avec leur jus (en conserve) + 4 oignons + 250 g de pois chiches au naturel (en conserve) + 4 cuil. à soupe d'huile + 1 cuil. à café de ras el-hanout
Sel et poivre

❒ Préparez la semoule selon les indications de l'étape 1 page 56. Après le premier passage à la vapeur, incorporez les raisins secs à la graine de couscous.

❒ Pelez les oignons et hachez-les.

❒ Chauffez l'huile dans une marmite et faites revenir les morceaux de bœuf. Ajoutez les oignons. Salez, poivrez et épicez avec le ras el-hanout. Incorporez les tomates pelées, puis laissez mijoter pendant 15 minutes.

❒ Épluchez le potiron et enlevez les graines et les parties filandreuses. Coupez la chair en gros cubes. Épluchez les carottes et coupez-les en tronçons.

❒ Versez ces légumes dans la marmite avec les pois chiches. Recouvrez largement d'eau et laissez cuire 2 heures environ à couvert sur feu doux.

❒ Présentez le couscous dans un grand plat, placez la viande au centre, et les légumes autour. Servez la sauce chaude à part. Arrosez la semoule de sauce au moment de servir.

POULET À L'ORIENTALE

POUR 4 PERSONNES • PRÉPARATION : 20 MIN • CUISSON : 30 MIN

4 cuisses de poulet + 2 carottes + 1 oignon + 2 côtes de céleri + 1 courgette + Le jus de 1 citron + 1 bouquet garni + 250 g de semoule précuite + 100 g de pois chiches cuits
1 cuil. à soupe de raisins secs + 1 cuil. à soupe de ras el-hanout + 50 g de beurre
1 cuil. à soupe d'huile + Sel et poivre

❒ Retirez la peau du poulet et faites quelques incisions dans la chair. Saupoudrez de ras el-hanout et de sel, arrosez du jus de citron et mélangez. Laissez macérer 2 heures.

❒ Pelez les carottes et coupez-les en rondelles. Rincez la courgette et coupez-la en bâtonnets. Rincez les côtes de céleri et coupez-les en tronçons de 3 cm. Pelez et émincez l'oignon.

❒ Faites dorer le poulet et l'oignon 5 minutes avec 25 g de beurre et l'huile dans une sauteuse, en remuant souvent. Ajoutez les légumes, les raisins secs et le bouquet garni, salez, poivrez, et versez 30 cl d'eau. Couvrez et faites mijoter 25 minutes.

❒ Rincez les pois chiches, ajoutez-les dans la sauteuse et laissez cuire encore 5 minutes.

❒ Mettez la semoule dans un saladier avec le reste du beurre, versez 25 cl d'eau bouillante, couvrez et laissez gonfler 5 minutes. Aérez ensuite la graine à la fourchette. Mélangez les légumes à la semoule, déposez les cuisses de poulet dessus et arrosez du jus de cuisson.

ÇOUSCOUS À L'AGNEAU ET AU POULET

POUR 4 À 6 PERSONNES • PRÉPARATION : 30 MIN • CUISSON : 1 H

400 g d'agneau + 2 blancs ou cuisses de poulet + 2 oignons + 4 carottes + 4 petits navets 3 courgettes + 2 tomates + 1 gousse d'ail + 200 g de semoule de couscous + 250 g de pois chiches + 2 cuil. à soupe d'huile d'olive + 1 cuil. à café de concentré de tomate 1 cuil. à café de ras el-hanout + 1 cuil. à soupe de raisins secs + Sel

❒ Épluchez les oignons et l'ail puis émincez-les. Coupez la viande en morceaux. Lavez les légumes, pelez-les (sauf les courgettes) puis coupez-les en tronçons.

❒ Mettez l'huile à chauffer dans une cocotte et faites revenir les morceaux d'agneau et les oignons. Ajoutez l'ail, le concentré de tomate et les morceaux de tomate. Parsemez de ras el-hanout, salez, recouvrez d'eau et laissez mijoter 30 minutes.

❒ Ajoutez le poulet et le reste des légumes puis poursuivez la cuisson 30 minutes. Égouttez les pois chiches et ajoutez-les dans la cocotte 5 minutes avant la fin de la cuisson.

❒ Préparez la semoule selon les instructions portées sur l'emballage et incorporez-y les raisins. Disposez la semoule dans un plat creux ; répartissez la viande et les légumes par-dessus et arrosez d'un peu de sauce.

TAJINE D'AGNEAU AUX NAVETS ET À L'ORANGE CARAMÉLISÉE

POUR 4 PERSONNES • PRÉPARATION : 40 MIN • CUISSON : 1 H 15

1 kg d'épaule ou de gigot d'agneau, en morceaux + 1 kg de navets jaunes (boule d'or) 2 oranges non traitées + 1 oignon + 1 petit bouquet de persil et de coriandre + ½ cuil. à café de gingembre moulu + ¼ cuil. à café de pistils de safran + ½ cuil. à café de cannelle moulue 2 cuil. à soupe de sucre en poudre + 50 g de beurre + 3 cuil. à soupe d'huile d'olive Sel et poivre

❐ Brossez les oranges sous l'eau froide. Essuyez-les et coupez-les en fines rondelles. Pelez et hachez l'oignon. Épluchez les navets, lavez-les et coupez-les en tranches épaisses.

❐ Dans une cocotte, faites revenir la viande 5 minutes à feu modéré, avec l'huile, l'oignon, le safran et le gingembre, en retournant plusieurs fois les morceaux pour bien les imprégner du mélange. Salez et poivrez, ajoutez les herbes et versez 40 cl d'eau.

❐ Couvrez et laissez mijoter 1 heure à 1 heure 15 à feu très doux, en rajoutant un peu d'eau si l'évaporation est importante.

❐ Plongez les navets dans une casserole d'eau bouillante et faites-les cuire 5 minutes, en les gardant bien fermes. Égouttez-les et réservez l'eau de cuisson.

❐ Versez 40 cl de l'eau de cuisson des navets dans une sauteuse, ajoutez le beurre et laissez-le fondre. Étalez les rondelles d'orange à plat et faites cuire 10 minutes à frémissements pour les attendrir.

❐ Ajoutez les navets, saupoudrez avec le sucre et la cannelle, et poursuivez doucement la cuisson à découvert, jusqu'à ce qu'ils soient confits et la sauce bien caramélisée.

❐ Retirez du feu.

❐ Vérifiez la cuisson de la viande et mettez-la dans un tajine. Disposez les navets et les oranges autour et arrosez de la sauce caramélisée.

COUSCOUS À LA VIANDE ET AUX LÉGUMES

POUR 8 À 10 PERSONNES • PRÉPARATION : 30 MIN • MARINADE : 12 H

CUISSON : 2 H

500 g de semoule de blé fine + 1 poulet coupé en morceaux + 500 g de bœuf (jarret ou joue) ou d'agneau (épaule ou collier) en morceaux + 2 gros oignons + 8 carottes 4 courgettes + 4 beaux navets + 150 g de pois chiches + 3 tomates + 1 bouquet de persil 1 bouquet de coriandre + 1 cuil. à café de ras el-hanout + 1 cuil. à café de cumin moulu 1 pincée de pistils de safran pilés + 1 cuil. à soupe de paprika + 1 pincée de piment fort 10 cl d'huile d'olive + 150 g de beurre + 125 g de raisins secs + Sel et poivre

❒ La veille, mettez les pois chiches à tremper dans de l'eau froide. Le jour même, épluchez et émincez les oignons. Lavez, séchez et ciselez le persil et la coriandre. Dans la partie basse du couscoussier, mettez l'huile, toutes les épices sauf le piment, les oignons, le persil, la coriandre et les viandes. Faites revenir 5 minutes sur feu vif en remuant. Salez et poivrez. Mouillez avec 2 l d'eau froide et laissez bouillonner 30 minutes sur feu moyen.

❒ Pendant ce temps, préparez la semoule. Mettez-la dans un grand plat creux, humectez-la avec 10 cl d'eau froide et frottez-la entre vos mains. Laissez-la gonfler pendant 5 minutes. Placez-la dans la partie haute du couscoussier. Lutez les deux parties du récipient avec du papier d'aluminium. Quand la vapeur commence à s'échapper, comptez 30 minutes de cuisson. Remettez la semoule dans le plat creux et séparez les grains, tout en arrosant avec 1,5 l d'eau froide salée. Réservez. Pelez les carottes et les navets. Lavez les courgettes. Coupez tous les légumes en gros morceaux et ajoutez-les à la viande, ainsi que les pois chiches égouttés. Réajustez le haut du couscoussier et lutez à nouveau les deux parties du récipient. Remettez la moitié de la semoule dans la partie haute, attendez que la vapeur la traverse, puis ajoutez l'autre moitié de la semoule. Laissez cuire 20 minutes à feu moyen. Reversez la semoule dans le grand plat creux en l'humectant avec un peu d'eau froide salée, puis incorporez le beurre en le frottant avec la semoule entre vos mains. Ajoutez les raisins secs. Remettez la semoule dans la partie haute du couscoussier pour la réchauffer.

❒ Dressez la semoule en dôme dans un plat. Disposez la viande et les légumes par-dessus. Versez une partie du bouillon sur le couscous. Servez le reste dans une jatte. Mélangez le piment avec 2 verres de bouillon ; servez dans une saucière.

TAJINE AIGRE-DOUX DE LAPIN

POUR 4 PERSONNES • PRÉPARATION : 20 MIN • CUISSON : 1 H

4 belles cuisses de lapin + 250 g de pruneaux dénoyautés + Le zeste de ½ citron + 1 oignon
1 petit bouquet de coriandre (4 ou 5 tiges) + 1 bâtonnet de cannelle + 1 dose de safran
1 cuil. à soupe de graines de sésame + 2 cuil. à soupe de miel + 20 g de beurre
1 cuil. à soupe d'huile d'olive + Sel et poivre

❐ Épluchez et émincez l'oignon. Taillez le zeste de citron en fines lanières.

❐ Chauffez le beurre et l'huile d'olive dans une cocotte placée à feu vif et faites revenir les cuisses de lapin, en les retournant plusieurs fois. Quand elles sont dorées de tous côtés, retirez-les et réservez-les.

❐ Baissez le feu, ajoutez l'oignon et faites-le fondre 5 à 10 minutes, jusqu'à ce qu'il soit bien tendre. Versez 35 cl d'eau, incorporez les épices, salez, poivrez et mélangez. Remettez les cuisses de lapin dans la cocotte, ajoutez le bouquet de coriandre, couvrez et laissez mijoter 30 minutes à feu doux.

❐ Ajoutez le zeste de citron et poursuivez la cuisson pendant 15 minutes.

❐ Répartissez les pruneaux dans la cocotte, ajoutez le miel et laissez cuire encore 10 à 15 minutes.

❐ Faites légèrement dorer les graines de sésame à sec.

❐ Au moment de servir, retirez le bouquet de coriandre et parsemez de graines de sésame.

PETITS TAJINES DE CAILLES AUX ABRICOTS

POUR 2 PERSONNES • PRÉPARATION : 15 MIN • CUISSON : 30 MIN

2 grosses cailles + 250 g d'abricots frais + 1 oignon + 1 petit bouquet de coriandre (4 ou 5 brins) + 1 noisette de gingembre frais + ¼ cuil. à café de cannelle moulue 1 cuil. à soupe d'amandes effilées + 1 cuil. à soupe de miel + 10 cl de bouillon de volaille 20 g de beurre + 1 cuil. à soupe d'huile + Sel et poivre

❒ Rincez les abricots, coupez-les en deux et retirez les noyaux. Pelez et hachez finement le gingembre.

❒ Épluchez et émincez l'oignon. Faites légèrement dorer les amandes à sec.

❒ Dans une petite cocotte, faites chauffer doucement le beurre et l'huile avec le gingembre et la cannelle.

❒ Faites fondre l'oignon 10 minutes à feu doux, puis ajoutez les cailles et laissez-les dorer quelques instants à feu plus vif, en les retournant deux ou trois fois.

❒ Versez le bouillon, salez et poivrez, ajoutez la coriandre, puis couvrez et poursuivez la cuisson 10 minutes à feu doux.

❒ Disposez les abricots autour des cailles, côté bombé vers le haut, et arrosez-les de miel. Laissez mijoter encore 10 minutes à feu très doux, en couvrant partiellement pour que la sauce épaississe un peu. Retournez les fruits une fois.

❒ Faites chauffer 2 plats à tajine individuels dans le four à 120 °C (th. 4).

❒ En fin de cuisson, découvrez la cocotte et retirez la coriandre. Transférez les cailles dans les petits plats à tajine et disposez les abricots autour. Laissez légèrement caraméliser la sauce et versez-la sur les oiseaux. Parsemez avec les amandes avant de servir.

TAJINE DE PINTADE AUX POMMES ET À LA CANNELLE

POUR 4 PERSONNES • PRÉPARATION : 30 MIN • CUISSON : 40 MIN

1 pintade fermière + 3 pommes granny-smith + 1 gousse d'ail + 1 oignon
1 petit bouquet de coriandre + 100 g de gros raisins secs + 1 cuil. à soupe de graines de sésame + 1 cuil. à café de cannelle moulue + 1 dose de safran + ¼ cuil. à café de gingembre en poudre + 3 cuil. à soupe de miel + 40 g de beurre + 1 cuil. à soupe d'huile d'olive + Sel et poivre

❒ Faites tremper les raisins 1 heure dans un bol d'eau bouillante, puis égouttez-les. Épluchez et émincez l'oignon et l'ail. Dorez les graines de sésame à sec.

❒ Coupez la pintade en quatre, en laissant les ailerons sur les blancs.

❒ Faites dorer les morceaux à feu assez vif dans une cocotte avec 10 g de beurre et l'huile d'olive, en les retournant plusieurs fois pour les colorer uniformément. Retirez-les et réservez-les.

❒ Baissez le feu, faites revenir l'oignon 5 à 10 minutes, puis saupoudrez avec le safran, la moitié de la cannelle et le gingembre.

❒ Remettez la pintade et laissez mijoter encore 5 minutes, en remuant souvent, pour bien imprégner la chair des parfums. Versez 25 cl d'eau, ajoutez la coriandre et l'ail, salez, poivrez et amenez à frémissements. Couvrez et laissez mijoter 15 minutes à feu doux.

❒ Ajoutez les raisins et la moitié du miel, et faites cuire 15 minutes, en ne couvrant que partiellement pour que la sauce épaississe un peu.

❒ Rincez et essuyez les pommes. Coupez-les en quartiers en retirant le cœur et les pépins. Faites-les revenir une dizaine de minutes à la poêle avec le reste du beurre, en les retournant plusieurs fois. Arrosez-les avec le reste de miel, saupoudrez de cannelle et laissez encore 1 ou 2 minutes sur le feu.

❒ Servez dans un tajine chaud. Versez la sauce, disposez les pommes autour de la pintade et parsemez de graines de sésame.

TAJINE DE VEAU AU POTIRON ET AU MIEL

POUR 6 PERSONNES • PRÉPARATION : 30 MIN • CUISSON : 1 H 30

1,2 kg d'épaule de veau désossée + 800 g de chair de potiron + 2 tomates + 1 oignon
2 cuil. à soupe de coriandre ciselée + 2 cuil. à soupe de persil plat ciselé + 1 bâtonnet de cannelle + 1 cuil. à café de paprika + ½ cuil. à café de curcuma + ½ cuil. à café de gingembre moulu + 1 cuil. à café de cumin moulu + 2 cuil. à soupe de miel
3 cuil. à soupe d'huile d'olive + Sel et poivre

- Épluchez et hachez finement l'oignon.
- Détaillez la viande en cubes de 5 ou 6 cm. Faites-les revenir à feu moyen dans une cocotte avec l'huile d'olive, en les retournant plusieurs fois pour les dorer uniformément.
- Ajoutez l'oignon, saupoudrez avec les épices, salez et poivrez. Laissez mijoter 5 à 10 minutes à feu doux, en remuant souvent pour bien imprégner la viande de tous les parfums.
- Versez 25 cl d'eau, ajoutez les herbes ciselées, couvrez et faites cuire doucement pendant 1 heure.
- Préchauffez le four à 180 °C (th. 6).
- Plongez les tomates 15 secondes dans l'eau bouillante. Égouttez-les, retirez la peau et coupez-les en rondelles. Coupez la chair du potiron en cubes de 2 cm.
- Transvasez la viande et sa sauce dans un plat à gratin ou à tajine. Répartissez les cubes de potiron en surface, arrosez-les de miel, puis étalez les rondelles de tomate. Salez et poivrez. Couvrez le plat, enfournez et faites cuire 30 minutes.
- Augmentez la température du four à 210 °C (th. 7) et retirez le couvercle. Faites cuire encore 10 à 15 minutes, jusqu'à ce que la surface commence à dorer et que la sauce réduise un peu. Servez dans le plat de cuisson.

TAJINE DE PIGEONNEAUX AUX KUMQUATS CONFITS

POUR 4 PERSONNES • PRÉPARATION : 30 MIN • CUISSON : 1 H 30

4 pigeonneaux + 400 g de kumquats + 12 oignons nouveaux + 1 petit bouquet de coriandre (4 ou 5 brins) + ¼ cuil. à café de coriandre moulue + ¼ cuil. à café de cannelle + 1 grosse pincée de pistils de safran + 1 pincée de gingembre + 1 cuil. à soupe de miel 100 g de sucre en poudre + 20 g de beurre + Sel et poivre

❒ Parez les petits oignons. Retirez la peau extérieure et coupez le vert foncé en laissant une partie de la tige.

❒ Rincez les kumquats. Plongez-les 2 minutes dans une casserole d'eau bouillante, puis égouttez-les. Renouvelez deux fois l'opération.

❒ Versez le sucre et 20 cl d'eau dans une casserole et chauffez doucement en remuant. Quand le sucre est complètement fondu, amenez à petite ébullition. Plongez les kumquats dans ce sirop et laissez cuire délicatement 15 à 20 minutes, ou jusqu'à ce qu'ils soient bien tendres. Retirez-les avec une écumoire et réservez-les.

❒ Faites fondre le beurre à feu doux dans une cocotte et saupoudrez avec les épices et la coriandre moulue. Ajoutez les pigeonneaux et laissez mijoter doucement 5 minutes, en les retournant plusieurs fois pour bien les imprégner des différents parfums. Répartissez les petits oignons autour des pigeonneaux.

❒ Délayez le miel dans 10 cl d'eau bouillante, versez le mélange dans la cocotte, ajoutez le bouquet de coriandre, salez et poivrez. Couvrez et faites cuire 10 minutes à feu doux.

❒ Ajoutez les kumquats et poursuivez la cuisson pendant encore 10 à 15 minutes.

❒ Retirez la coriandre. Fendez les pigeonneaux en deux dans la longueur et disposez-les dans un tajine. Répartissez les kumquats autour, nappez de sauce et servez aussitôt.

TAJINE DE VEAU AUX RAISINS SECS ET AUX ŒUFS DURS

POUR 4 À 5 PERSONNES • PRÉPARATION : 20 MIN • CUISSON : 1 H 10

1 kg de veau + 4 tomates + 5 oignons + ½ botte de coriandre + 2 œufs + 100 g de raisins secs + 1 cuil. à soupe de paprika rouge doux + 1 cuil. à café de gingembre en poudre ½ cuil. à café de noix de muscade + 1 sachet de colorant ou de safran + 2 cuil. à soupe d'huile de tournesol + 2 cuil. à café de sel + 2 cuil. à café de poivre

❒ Découpez la viande en morceaux de taille moyenne (2 morceaux par personne environ). Pelez et émincez les oignons, puis lavez et coupez les tomates en rondelles. Hachez la coriandre. Faites cuire les œufs durs.

❒ Dans une casserole, recouvrez les raisins secs avec de l'eau et faites-les gonfler 5 minutes à feu doux. Égouttez et réservez.

❒ Dans un plat à tajine, faites revenir la viande dans l'huile, les 2/5 des oignons, les épices, le colorant, la moitié des quantités de sel, de poivre et de coriandre. Mélangez, puis versez 1 verre d'eau. Couvrez et laissez mijoter 30 minutes à feu doux. Versez sur la viande le reste des oignons, les tomates et les raisins secs. Saupoudrez du reste de sel, de poivre et de coriandre, couvrez et laissez cuire 35 minutes. Décorez avec les œufs durs coupés en quatre, puis servez avec le légume de votre choix ou avec du pain.

TAJINE DE POULET AUX OLIVES ET AU CITRON CONFIT

POUR 4 À 6 PERSONNES • PRÉPARATION : 30 MIN • CUISSON : 50 MIN

1 poulet fermier de 1,5 kg environ + 160 g de grosses olives violettes + 1 citron confit
2 ou 3 gousses d'ail + 1 oignon + 1 petit bouquet de coriandre et de persil
½ cuil. à café de gingembre + 1 pincée de pistils de safran + 20 g de beurre
2 cuil. à soupe d'huile d'olive + Sel et poivre

❒ Coupez le poulet en morceaux. Épluchez et hachez finement l'oignon et les gousses d'ail. Coupez le citron confit en quatre, retirez la pulpe et les membranes à la cuillère, puis rincez l'écorce. Taillez-la en fines lanières. Chauffez l'huile et le beurre dans une cocotte et faites dorer le poulet de tous côtés, en retournant les morceaux. Baissez le feu, ajoutez l'ail, l'oignon et les épices, et laissez mijoter 5 minutes à feu doux. Versez juste assez d'eau pour immerger à moitié le poulet, ajoutez le bouquet de coriandre et de persil, salez et poivrez, puis amenez à petite ébullition. Couvrez et laissez cuire 40 à 45 minutes.

❒ Faites chauffer un tajine dans le four à 120 °C (th. 4). Lorsque le poulet est bien cuit, sortez les morceaux de la cocotte et mettez-les dans le tajine. Retirez le bouquet d'herbes et faites réduire la sauce à la spatule jusqu'à ce qu'elle soit onctueuse. Ajoutez le citron confit et les olives et laissez mijoter 5 minutes. Versez sur le poulet.

TAJINE DE VEAU AUX PRUNEAUX ET AU SÉSAME

POUR 4 PERSONNES • PRÉPARATION : 45 MIN • CUISSON : 1 H

2 oignons + 800 g de jarret de veau coupé en cubes + 200 g de pruneaux
100 g d'amandes émondées + 2 cuil. à soupe d'huile d'olive + 30 g de beurre + 1 bâton de cannelle + 1 cuil. à café de cannelle moulue + ½ cuil. à café de gingembre moulu
1 pincée de pistils de safran pilés + 2 cuil. à soupe de miel + 50 g de graines de sésame

❒ Épluchez et coupez les oignons en rondelles. Déposez la moitié des oignons au fond d'un tajine allant sur le feu. Ajoutez les morceaux de viande, les épices, le beurre et l'huile. Recouvrez d'eau à hauteur. Placez sur feu moyen et laissez cuire à couvert pendant 1 heure environ, en remuant et en retournant les morceaux de viande de temps en temps.

❒ Pendant ce temps, faites dorer les graines de sésame à sec dans une poêle. Réservez.

❒ Lorsque la viande est cuite, retirez-la du tajine et réservez-la au chaud. Retirez le bâton de cannelle.

❒ Mettez les oignons restants, les pruneaux, les amandes, le miel et 3 cuillerées à soupe d'eau dans le tajine. Mélangez et faites mijoter à couvert 15 minutes environ, jusqu'à ce que la sauce soit onctueuse. Remettez la viande et laissez mijoter 10 minutes supplémentaires.

❒ Dressez dans un tajine de service. Saupoudrez de graines de sésame et servez très chaud.

TAJINE D'AGNEAU AUX POIRES CARAMÉLISÉES ET AUX NOIX

POUR 4 PERSONNES • PRÉPARATION : 20 MIN • CUISSON : 1 H

800 g d'agneau (gigot ou épaule) coupé en morceaux + 1 kg de poires mûres mais fermes
2 oignons + 1 citron + 1 bâton de cannelle + 1 cuil. à café de gingembre + 1 pincée de pistils de safran pilés + 1 cuil. à soupe de miel + 3 cuil. à soupe d'huile d'olive + 50 g de beurre
125 g de cerneaux de noix + Sel et poivre

❐ Épluchez et coupez les oignons en rondelles. Mettez-les avec le safran, le gingembre, l'huile et la viande au fond d'un tajine. Salez et poivrez. Faites revenir 5 minutes à feu moyen en remuant constamment.

❐ Ajoutez le bâton de cannelle. Mouillez d'eau à mi-hauteur. Couvrez et laissez cuire 1 heure à feu moyen.

❐ Lavez et épluchez les poires. Coupez-les en deux et épépinez-les. Citronnez-les au fur et à mesure pour les empêcher de noircir.

❐ Faites chauffer le beurre dans une poêle. Ajoutez les poires et le miel. Faites caraméliser à feu doux pendant quelques minutes. Ajoutez les noix et mélangez délicatement.

❐ Retirez la viande du tajine et faites réduire la sauce si nécessaire. Disposez harmonieusement la viande et les poires dans un plat rond et arrosez de sauce.

COUSCOUS AU POULET FARCI ET AUX AMANDES

POUR 6 PERSONNES • PRÉPARATION : 30 MIN • CUISSON : 35 À 40 MIN

Pour la graine de couscous : 600 g de semoule de couscous fine + 3 cuil. à soupe de sucre semoule + 6 cuil. à soupe d'huile + 25 g de beurre + Sel
Pour la garniture : 1 poulet de 1,5 kg + 75 g d'amandes effilées + 250 g d'amandes moulues 3 cuil. à soupe de sucre semoule + 3 cuil. à soupe de beurre fondu + 2 cuil. à café de cannelle + 1 cuil. à soupe d'eau de fleur d'oranger + Sel

- Préchauffez le gril du four.
- Préparez la semoule selon l'étape 1 de la page 56.
- En fin de cuisson, ajoutez le sucre et mélangez bien.
- Videz et nettoyez le poulet, en pratiquant une petite ouverture sous la poitrine, dans le sens de la longueur. Ficelez le poulet entier et faites-le cuire dans une marmite d'eau salée pendant 25 minutes. Déposez délicatement le poulet dans un plat allant au four.
- Préparez la farce : prélevez 250 g de semoule cuite que vous disposerez dans un saladier. Ajoutez les amandes moulues, le sucre et la cannelle. Arrosez de 2 cuillerées de beurre fondu et d'eau de fleur d'oranger.
- Farcissez le poulet avec cette préparation. Recousez l'ouverture avec une grosse aiguille. Badigeonnez le poulet du restant de beurre fondu et faites dorer au four pendant 10 à 15 minutes, tout en surveillant la cuisson.
- Présentez le couscous dans un plat rond. Disposez au centre le poulet farci bien doré et parsemez d'amandes effilées avant de servir.

COUSCOUS AU BŒUF ET AUX DATTES

POUR 6 PERSONNES • PRÉPARATION : 30 MIN • CUISSON : 2 H 05

Pour la graine de couscous : 700 g de semoule de couscous fine + 6 cuil. à soupe d'huile 25 g de beurre + Sel

Pour la garniture : 1 kg de gîte de bœuf + 1 oignon + 3 tomates moyennes + 500 g de dattes mûres + 4 pommes de terre moyennes + 1 cuil. à café de ras el-hanout 1 cuil. à café de piment doux ou fort + 4 cuil. à soupe d'huile d'olive + Sel et poivre noir

❒ Plongez les tomates dans l'eau bouillante pendant 3 minutes, puis pelez-les. Disposez-les au fur et à mesure dans une assiette creuse et écrasez-les à l'aide d'une fourchette.

❒ Pelez et hachez l'oignon. Épluchez les pommes de terre et coupez-les en quatre dans le sens de la longueur.

❒ Préparez la semoule selon l'étape 1 de la page 58.

❒ Coupez la viande en cubes et faites revenir quelques minutes dans une marmite avec l'huile et l'oignon. Ajoutez les épices et les tomates pelées, salez et poivrez. Mélangez, puis mouillez avec 1,5 l d'eau et laissez cuire à couvert sur feu moyen, pendant 2 heures.

❒ Une quinzaine de minutes avant la fin de la cuisson de la viande, ajoutez les pommes de terre. Coupez les dattes en deux à l'aide d'un couteau dans le sens de la longueur. Dénoyautez-les. Réservez-en 200 g pour la décoration.

❒ Passez le reste au mixeur avec 1 verre d'eau. Incorporez-le à la sauce en fin de cuisson. Laissez mijoter le tout 5 minutes, puis retirez du feu.

❒ Versez le couscous en dôme dans un grand plat creux. Garnissez de petits morceaux de viande, et décorez avec les pommes de terre et les demidattes.

COUSCOUS AU POULET ET AU MIEL

POUR 6 PERSONNES • PRÉPARATION : 30 MIN • CUISSON : 55 MIN

Pour la graine de couscous : 700 g de semoule de couscous fine + 200 g de raisins secs
6 cuil. à soupe d'huile + 4 cuil. à soupe de miel d'acacia + 25 g de beurre + Sel
Pour la garniture : 4 cuisses de poulet + 4 pommes reinettes + 1 oignon + 100 g de beurre
1 cuil. à soupe de sucre semoule + 1 cuil. à café de coriandre en poudre + 1 cuil. à café
de cannelle en poudre + 1 cuil. à café de curcuma + 1 cuil. à café de miel liquide
Sel et poivre

- Préparez la semoule selon l'étape 1 de la page 56.
- Rincez les raisins secs et incorporez-les au couscous avant le deuxième passage à la vapeur. En fin de cuisson, ajoutez le miel d'acacia à la semoule, puis mélangez longuement avec les mains.
- Pelez l'oignon et hachez-le.
- Chauffez 50 g de beurre dans une cocotte, ajoutez-y les cuisses de poulet et faites-les dorer. Ajoutez l'oignon et continuez la cuisson à feu moyen, jusqu'à ce que l'oignon blondisse, en remuant de temps en temps. Relevez avec les épices, salez, sucrez, puis versez 1,5 l d'eau. Couvrez et laissez mijoter pendant 45 minutes.
- Épluchez les pommes et coupez-les en lamelles de 2 cm environ. Faites chauffer le restant de beurre dans une poêle. Mettez les pommes à cuire pendant 10 minutes à feu moyen, jusqu'à ce qu'elles soient dorées de chaque côté.
- Poivrez très légèrement.
- Servez le couscous arrosé de sauce. Décorez avec les cuisses de poulet et les pommes, sur lesquelles vous répartirez le miel liquide.

COUSCOUS AUX OIGNONS SUCRÉS, AU POULET ET AUX ŒUFS

POUR 4 À 6 PERSONNES • PRÉPARATION : 30 MIN • TREMPAGE : 12 H
CUISSON : 45 MIN

500 g de couscous fin + 2 blancs et 2 cuisses de poulet + 4 œufs + 20 g de beurre rance
7 oignons + 1 petit bouquet de coriandre bien ficelé + 50 g d'amandes + 150 g de pois chiches secs + 300 g de raisins secs blonds + 6 cuil. à soupe d'huile de tournesol
100 g de sucre en poudre + 2 généreuses cuil. à café de cannelle + 1 généreuse cuil. à café de gingembre + 1 pointe de couteau de curcuma + ½ cuil. à café de poivre noir
3 cuil. à café de sel fin

❐ Faites tremper les pois chiches 12 heures dans de l'eau froide. Mettez la semoule dans un grand saladier. Versez dessus 10 cl d'eau, patientez 5 minutes, puis frottez-la entre vos mains humides. Portez de l'eau à ébullition dans la partie basse du couscoussier. Posez la partie haute, versez-y la semoule et comptez 15 minutes de cuisson quand la vapeur passe au travers.

❐ Préparez la sauce : pelez et émincez 3 oignons, chauffez 2 cuillerées à soupe d'huile dans une cocotte et faites revenir les oignons avec les pois chiches, 1 cuillerée à café de sel, le gingembre, le poivre et les morceaux de poulet dont vous aurez ôté la peau. Mouillez de 50 cl d'eau, ajoutez le bouquet de coriandre et laissez mijoter à couvert 15 minutes. Faites gonfler les raisins secs dans l'eau tiède. Versez la semoule dans un saladier et travaillez-la en versant 20 cl d'eau. Frottez-la entre les paumes de vos mains en ajoutant 1 cuillerée à café de sel et 2 cuillerées à soupe d'huile. Remettez la semoule dans la partie haute avec de l'eau en bas et cuisez-la 15 minutes à partir du moment où la vapeur passe au travers. Émincez les oignons restants et faites-les revenir, 15 minutes, dans 2 cuillerées à soupe d'huile avec 1 cuillerée à café de sel et le curcuma. Poudrez-les de sucre et de cannelle, ajoutez les raisins secs et poursuivez la cuisson 15 minutes. Achevez la cuisson de la semoule : versez-la dans un grand saladier, travaillez-la entre les paumes de vos mains en l'arrosant petit à petit de 25 cl d'eau et laissez-la reposer. Plongez délicatement les œufs dans de l'eau bouillante et cuisez-les 10 minutes à partir de la reprise de l'ébullition. Laisser-les refroidir, puis écalez-les et coupez-les en deux. Grillez les amandes au four. Réchauffez une dernière fois la semoule 15 minutes puis mélangez-la au beurre rance et servez.

TAJINE DE KEFTAS AUX HERBES

POUR 4 À 6 PERSONNES • PRÉPARATION : 30 MIN • CUISSON : 25 MIN

Pour les boulettes : 500 g de viande de bœuf hachée + 1 oignon + 1 cuil. à soupe de persil plat finement ciselé + 1 cuil. à soupe de coriandre finement ciselée + 1 cuil. à café de cannelle moulue + 1 cuil. à café de cumin moulu + 1 cuil. à café de coriandre moulue ½ cuil. à café de paprika + Sel et poivre

Pour la sauce : Le jus de 1 citron + 2 gousses d'ail + 1 oignon + 1 cuil. à soupe de persil plat ciselé + 2 cuil. à soupe de coriandre ciselée + 1 noisette de gingembre + 2 cuil. à café de curcuma + 10 g de beurre + 1 cuil. à soupe d'huile d'olive

❒ Préparez les boulettes : épluchez et hachez très finement l'oignon, ou râpez-le. Mettez-le dans un saladier avec la viande, les épices et les herbes, salez et poivrez, puis malaxez l'ensemble à la main jusqu'à ce qu'il soit bien homogène. Humidifiez vos mains et formez des boulettes de la taille d'une grosse noix. Réservez.

❒ Préparez la sauce : épluchez et hachez très finement l'oignon, l'ail et le gingembre. Faites-les revenir 10 minutes à feu modéré, dans une cocotte ou un tajine, avec l'huile et le beurre. Quand ils commencent à dorer, saupoudrez de curcuma, ajoutez le persil, 1 cuillerée à soupe de coriandre et versez 30 cl d'eau. Amenez à petite ébullition, puis couvrez et laissez mijoter 10 minutes.

❒ Mettez les boulettes dans la sauce, couvrez à nouveau et poursuivez la cuisson 10 minutes à feu doux.

❒ Versez le jus de citron et laissez cuire encore 5 minutes.

❒ Servez chaud, parsemé du reste de coriandre.

PASTILLA AU POULET

POUR 4 PERSONNES • PRÉPARATION : 40 MIN • CUISSON : 55 MIN À 1 H

300 g de pilons de poulet + 8 feuilles de brick + 2 oignons + 1 gousse d'ail + 4 cuil. à soupe d'un mélange de coriandre et persil ciselés + 2 œufs + 50 cl de bouillon de volaille 100 g de beurre + 3 cuil. à soupe d'amandes hachées + 1 cuil. à café de paprika 1 cuil. à café de gingembre moulu + 1,5 cuil. à café de cannelle moulue + Sel et poivre

❒ Épluchez et hachez les oignons. Faites-les fondre 15 minutes dans une cocotte avec 50 g de beurre. Quand ils commencent à dorer, ajoutez l'ail, le poulet et les épices. Versez le bouillon et faites cuire 30 minutes à frémissements. Sortez le poulet de la cocotte, retirez la peau et désossez-le. Coupez la chair en petits morceaux.

❒ Faites réduire à feu vif le bouillon des deux tiers, jusqu'à l'obtention d'un liquide crémeux. Baissez le feu, ajoutez les œufs battus en remuant constamment et retirez du feu dès qu'ils sont pris.

❒ Ajoutez les herbes, la chair de poulet et les amandes, salez, poivrez et mélangez. Laissez refroidir.

❒ Préchauffez le four à 180 °C (th. 6).

❒ Enduisez 4 feuilles de brick de beurre fondu, superposez-les dans un moule haut, en les laissant dépasser, puis étalez la farce. Rabattez-les vers le centre et recouvrez avec les feuilles restantes, beurrées elles aussi. Glissez les bords à l'intérieur. Enfournez et faites cuire de 25 à 30 minutes.

PASTILLA AUX PIGEONS

POUR 6 PERSONNES • PRÉPARATION : 40 MIN • CUISSON : 1 H 25

4 petits pigeons + 4 oignons + ½ bouquet de persil plat + ½ bouquet de coriandre + 5 œufs 100 g de beurre clarifié + 7 feuilles de brick + 250 g d'amandes mondées + 2 cuil. à café de cannelle en poudre + 2 cuil. à café de gingembre en poudre + 1 pincée de pistils de safran pilés + 1 pointe de couteau de ras el-hanout + 2 cuil. à café de sucre glace 5 cuil. à soupe d'huile de tournesol + Sel

❒ Pelez et émincez les oignons. Rincez et hachez le persil et la coriandre. Dans une cocotte, mettez-les avec le gingembre, le safran, le ras el-hanout, l'huile et les pigeons. Salez. Faites dorer à feu vif en remuant, puis mouillez avec 25 cl d'eau. Couvrez et laissez mijoter 1 heure à feu doux.

❒ Faites griller les amandes à sec dans une poêle antiadhésive, puis hachez-les. Mélangez avec la cannelle, le sucre glace et 40 g de beurre fondu.

❒ Désossez les pigeons et effilochez la chair avec les doigts. Réservez. Faites réduire de moitié le jus de cuisson à feu vif, puis remettez les morceaux de pigeon dans la cocotte.

❒ Préchauffez le four à 210 °C (th. 7). Cassez 4 œufs dans un bol et battez-les à la fourchette. Faites fondre 20 g de beurre dans une poêle, versez-y les œufs battus et faites-les cuire à feu doux en les brouillant.

❒ Superposez 3 feuilles de brick, badigeonnez-les de beurre clarifié, puis placez-les au fond d'un moule à manqué de 30 cm de diamètre, en laissant dépasser le bord des feuilles. Répartissez la chair de pigeon et la sauce sur toute la surface. Recouvrez d'une feuille de brick beurrée, étalez le mélange d'amandes, puis ajoutez les œufs brouillés.

❒ Battez l'œuf restant. Rabattez les feuilles de brick vers le centre et badigeonnez-les avec l'œuf battu pour les coller. Recouvrez avec 3 feuilles beurrées, puis rabattez-les à l'intérieur du moule, sous la pastilla. Faites cuire 20 minutes au four.

BROCHETTES À LA MAROCAINE

POUR 4 PERSONNES • PRÉPARATION : 30 MIN • MARINADE : 12 H
CUISSON : 10 MIN

450 g de filet de bœuf coupé en morceaux de 2 ou 3 cm de côté + 450 g d'épaule ou de gigot d'agneau coupé en morceaux de 2 ou 3 cm de côté + 2 oignons + 2 gousses d'ail 1 cuil. à soupe de cumin moulu + ½ cuil. à café de coriandre moulue + 1 pincée de piment fort + 1 petit bouquet de persil + 2 cuil. à soupe d'huile d'olive

❒ Épluchez et émincez 1 oignon. Épluchez les gousses d'ail, retirez le germe et écrasez-les. Hachez le persil.

❒ Réunissez tous les ingrédients dans un grand plat creux. Mélangez bien, couvrez et faites mariner 12 heures au frais en retournant la viande une ou deux fois.

❒ Préchauffez le gril du four ou allumez le barbecue.

❒ Pelez le deuxième oignon et coupez-le en morceaux.

❒ Enfilez, en les alternant, les morceaux de bœuf, d'agneau et d'oignon sur des broches en métal ou en bois.

❒ Faites griller quelques minutes au four ou sur les braises du barbecue. Servez aussitôt.

BROCHETTES DE VIANDE

POUR 4 À 6 PERSONNES • PRÉPARATION : 15 MIN • MARINADE : 4 H
CUISSON : 5 MIN

800 g de filet de bœuf ou de rumsteck + 1 oignon + 1 échalote + 1 botte de coriandre
1 cuil. à soupe d'huile de tournesol + 1 cuil. à café de sel + 2 cuil. à café de poivre blanc

❒ Coupez la viande en petits morceaux. Pelez, puis émincez l'oignon et l'échalote. Hachez la coriandre.

❒ Dans un saladier, mélangez la viande, l'oignon, l'échalote, la coriandre et l'huile. Salez et poivrez. Laissez mariner au moins 4 heures.

❒ Enfilez les morceaux de viande sur les brochettes, puis faites-les cuire 5 minutes sur un gril électrique en les retournant régulièrement.

COUSCOUS AUX BROCHETTES D'ESPADON

POUR 6 PERSONNES • PRÉPARATION : 30 MIN • MACÉRATION : 2 H
CUISSON : 25 MIN

Pour la graine de couscous : 400 g de semoule de couscous fine + 6 cuil. à soupe d'huile
25 g de beurre + Sel
Pour la garniture : 600 g de filet d'espadon + 2 poivrons rouges + 2 poivrons verts
2 oignons + 6 gousses d'ail + 1 cuil. à café de piment en poudre + 1 cuil. à café de cumin
1 cuil. à café de paprika + Le jus de 2 citrons + 4 cuil. à soupe d'huile d'olive
60 g de beurre + 2 branches de persil + 2 branches de coriandre + 1 cuil. à café de harissa
(facultatif) + Sel

❒ Rincez et égouttez le persil et la coriandre. Pelez les gousses d'ail. Hachez l'ail et les herbes. Préparez la marinade : versez le jus des citrons dans un saladier, ajoutez l'huile d'olive, les épices, l'ail et les herbes. Salez, puis mélangez.

❒ Levez les filets d'espadon. Retirez-en la peau et coupez-les en cubes. Incorporez les dés dans la marinade. Mélangez, couvrez et laissez macérer 2 heures au réfrigérateur.

❒ Préparez la semoule selon l'étape 1 de la page 56.

❒ Pelez les oignons. Lavez et égrenez les poivrons. Réservez ½ poivron rouge et ½ poivron vert pour les brochettes. Coupez les poivrons et les oignons en petits dés. Faites-les fondre à la poêle dans le beurre pendant 10 minutes, en remuant de temps en temps. Incorporez les légumes à la semoule cuite. Mélangez longuement avec les mains. Réservez au chaud.

❒ Coupez les poivrons restants en petits quartiers. Égouttez les morceaux d'espadon marinés. Confectionnez les brochettes en intercalant les morceaux de poivron et de poisson. Chauffez la plaque de votre gril ou allumez un barbecue. Badigeonnez ensuite les brochettes de leur marinade et faites-les cuire en les retournant régulièrement.

❒ Servez les brochettes, accompagnées de couscous aux poivrons.

COUSCOUS DE POISSON

POUR 3 À 4 PERSONNES • PRÉPARATION : 15 MIN • TREMPAGE : 12 H • CUISSON : 45 MIN

500 g de semoule de couscous + 1 noix de beurre (facultatif) + 1 cuil. à soupe d'huile + Sel
4 darnes épaisses de congre + 3 gros oignons + 1 kg de carottes + 150 g de raisins blonds
1 petit bouquet de coriandre + 1 bâton de cannelle + 1 capsule de filaments de safran
1 cuil. à café de gingembre + ½ cuil. à café de curcuma + ½ cuil. à café de poivre noir moulu
½ cuil. à café de ras el-hanout + 1 morceau de sucre + 2 cuil. à soupe d'huile de tournesol
3 cuil. à soupe d'huile d'olive + ½ cuil. à café de sel fin

❒ Pelez les légumes, coupez les carottes en tronçons, émincez 1 oignon et hachez les autres. Faites gonfler les raisins secs dans l'eau tiède. Préparez la semoule selon l'étape 1 de la page 56.

❒ Mettez les morceaux de poisson dans une cocotte avec les épices (réservez le ras el-hanout et le safran), les huiles, les oignons et le sel. Cuisez les darnes à feu vif en les enrobant d'épices et d'oignons. Couvrez et laissez mijoter 10 minutes, puis ajoutez le ras el-hanout et le sucre. Poursuivez la cuisson 5 minutes, ôtez les morceaux de poisson et ajoutez les carottes, le safran, les raisins secs et la coriandre. Versez 50 cl d'eau, et laissez mijoter à couvert 30 minutes. En fin de cuisson, réchauffez le poisson dans le bouillon. Travaillez la graine avec 25 cl d'eau et ajoutez une noix de beurre, et réchauffez-la 15 minutes.

COUSCOUS AUX FRUITS DE MER

POUR 6 PERSONNES • PRÉPARATION : 30 MIN • CUISSON : 15 MIN

Pour la graine de couscous : 700 g de semoule de couscous + 3 cuil. à soupe d'huile 25 g de beurre + sel

Pour la garniture : 2 kg de fruits de mer panachés (moules, crevettes, calamars) congelés ou frais + 6 langoustines + 380 g de tomates pelées avec leur jus (en conserve) 1 poivron rouge + 2 oignons + 4 gousses d'ail + 3 cuil. à soupe d'huile d'olive + 1 cuil. à café de piment doux + ½ cuil. à café de piment rouge fort + ½ cuil. à café de cannelle 1 cuil. à café de poivre noir + Sel

❒ Préparez la semoule selon l'étape 1 de la page 56, mais passez une seule fois la semoule à la vapeur.

❒ Versez les fruits de mer dans une poêle. Laissez évaporer le jus de cuisson sur feu moyen. Ajoutez l'huile d'olive, et faites rissoler les fruits de mer et les langoustines. Réservez.

❒ Coupez le poivron rouge en petits morceaux. Pelez et hachez les oignons et les gousses d'ail. Faites dorer les légumes dans une poêle à paella. Lorsqu'ils sont bien blonds, ajoutez les tomates pelées, après les avoir écrasées à l'aide d'une fourchette. Relevez avec les épices, puis ajoutez deux bols d'eau. Salez légèrement. Mélangez, puis incorporez les fruits de mer. Laissez mijoter 15 minutes à feu doux puis retirez-les. Retirez la sauce du feu. Versez la semoule en pluie dans la sauce. Remuez rapidement et laissez gonfler la semoule pendant 7 minutes. Mélangez, puis ajoutez les fruits de mer. Servez chaud dans le plat en répartissant les langoustines sur tout le couscous.

TAJINE DE THON AUX ÉPICES DOUCES

POUR 4 À 6 PERSONNES • PRÉPARATION : 15 MIN • MARINADE : 1 H
CUISSON : 45 MIN

1 tranche épaisse de thon de 1 kg environ + 4 gros oignons blancs + ½ cuil. à café de cannelle moulue + 1 cuil. à soupe de piment doux + 1 cuil. à soupe de cumin moulu
1 cuil. à café de coriandre moulue + 1 cuil. à soupe de miel + 70 g de gros raisins secs blonds + 3 cuil. à soupe d'huile d'olive + 1 cuil. à soupe de vinaigre de vin blanc + Sel

❒ Mélangez le piment, le cumin, la coriandre et 2 cuillerées à soupe d'huile d'olive dans un bol. À l'aide d'un pinceau, enduisez la tranche de thon de ces épices, des deux côtés. Laissez mariner 1 heure au réfrigérateur.

❒ Faites tremper les raisins pendant 1 heure dans un grand bol d'eau bouillante. Égouttez-les. Épluchez et émincez finement les oignons.

❒ Faites chauffer le reste de l'huile d'olive dans une cocotte ou un tajine et mettez les oignons à fondre à feu très doux, pendant 30 minutes environ, en couvrant et en remuant légèrement. Si leur eau de végétation s'évapore trop rapidement en cours de cuisson, ajoutez de temps en temps un peu d'eau bouillante à la cuillère, pour qu'ils restent humides.

❒ Ajoutez le miel, les raisins, le vinaigre et la cannelle. Salez et mélangez.

❒ Glissez la tranche de thon dans les oignons, remettez le couvercle et laissez cuire encore 15 minutes à feu doux.

❒ Servez dans le plat de cuisson. Retirez la peau du thon avant de le découper.

TAJINE DE POISSON AUX TOMATES ET AUX POIVRONS

POUR 4 PERSONNES • PRÉPARATION : 30 MIN • MARINADE : 6 H • CUISSON : 1 H

800 g de filets de poisson blanc (daurade, loup, alose) + 5 cuil. à soupe de chermoula (voir recette des Sardines à la chermoula p. 117) + 2 gros oignons + 6 tomates + 3 poivrons rouges + 3 cuil. à soupe d'huile d'olive

❒ Coupez le poisson en gros cubes et enrobez-les de chermoula. Laissez mariner 6 heures au frais.

❒ Coupez les poivrons en deux, ôtez le pédoncule et les pépins. Faites-les griller au four pendant 20 minutes environ, en les retournant régulièrement, jusqu'à ce que la peau noircisse de toutes parts. Enveloppez-les dans du papier d'aluminium, laissez refroidir et pelez-les.

❒ Épluchez les oignons et coupez-les en rondelles. Coupez les tomates en rondelles. Disposez une couche d'oignon au fond d'un tajine allant sur le feu. Arrosez de 1 cuillerée à soupe d'huile d'olive.

❒ Déposez les morceaux de poisson sur les oignons, arrosez de 1 cuillerée à soupe d'huile et de marinade. Recouvrez de rondelles de tomates et d'oignon restantes. Ajoutez 1 cuillerée à soupe d'huile d'olive et le reste de la marinade.

❒ Faites cuire sur feu doux 30 minutes à couvert. Ajoutez les poivrons et laissez cuire 10 minutes environ, jusqu'à évaporation totale de l'eau.

PETITS TAJINES DE LANGOUSTINES AU PAPRIKA

POUR 2 PERSONNES • PRÉPARATION : 15 MIN • CUISSON : 15 MIN

4 à 8 langoustines (selon la taille) + 1 oignon + 1 rondelle de gingembre frais + 1 belle tomate + 2 cuil. à soupe de feuilles de coriandre ciselées + 1 cuil. à café de paprika fumé 1 pincée de pistils de safran + 1 cuil. à soupe de sucre en poudre + 2 cuil. à soupe d'huile d'olive + Sel et poivre

❒ Pelez et émincez finement l'oignon et le gingembre.

❒ Plongez la tomate 15 secondes dans l'eau bouillante, pelez-la et retirez les graines. Taillez-la en petits dés.

❒ Dans une cocotte, dorez les langoustines à feu assez vif avec l'huile d'olive, 1 minute seulement de chaque côté, juste le temps de les raidir et de les faire changer de couleur. Retirez-les et réservez-les.

❒ Baissez le feu et faites fondre l'oignon 5 à 10 minutes dans l'huile de cuisson des langoustines, jusqu'à ce qu'il soit translucide.

❒ Ajoutez les dés de tomate, le paprika et le safran, la moitié de la coriandre et le gingembre. Saupoudrez de sucre, salez, poivrez et poursuivez la cuisson 5 à 10 minutes à feu doux.

❒ Mettez les langoustines dans la sauce. Couvrez et laissez mijoter encore 5 minutes doucement.

❒ Servez dans 2 petits plats à tajine chauds, en parsemant avec le reste de la coriandre au dernier moment.

TAJINE DE LOTTE AUX POIVRONS

POUR 4 PERSONNES • PRÉPARATION : 15 MIN • MARINADE : 1 HEURE • CUISSON : 25 MIN

1 kg de petites queues ou de médaillons de lotte + 2 petits poivrons rouges + 2 petits poivrons verts + 1 gousse d'ail + 1 oignon + 1 cuil. à café de cumin moulu + 1 cuil. à café de piment doux 1 pincée de gingembre + 1 pincée de curcuma + 1 pincée de pistils de safran + 1 pincée de piment de Cayenne + 1 cuil. à soupe de coriandre ciselée + 4 cuil. à soupe d'huile d'olive + Sel

❒ Rincez et épongez les queues de lotte.

❒ Mélangez les épices, une pincée de sel et la moitié de l'huile d'olive dans un plat creux. Mettez la lotte dans cette marinade et retournez plusieurs fois les morceaux pour bien les en enrober. Couvrez et laissez reposer 1 heure au réfrigérateur.

❒ Épluchez l'oignon et émincez-le en fines lamelles. Retirez le pédoncule et les graines des poivrons. Coupez-les en larges bandes. Faites-les fondre ensemble 15 à 20 minutes à feu très doux, dans une cocotte, avec le reste de l'huile d'olive et la gousse d'ail entière, en remuant de temps en temps.

❒ Quand les poivrons sont bien tendres, salez légèrement et posez les queues de lotte dans la cocotte, en récupérant leur marinade. Couvrez et poursuivez la cuisson, toujours à feu doux, 10 à 15 minutes selon la taille des morceaux.

❒ Servez parsemé de la coriandre, dans le plat de cuisson ou dans un plat à tajine.

SARDINES À LA CHERMOULA

POUR 4 PERSONNES • PRÉPARATION : 15 MIN • REPOS : 1 HEURE
CUISSON : 10 MIN

16 belles sardines écaillées, vidées et étêtées + 1 bouquet de coriandre + 2 gousses d'ail 1 cuil. à soupe de paprika + 1 cuil. à café de cumin en poudre + 1 pincée de piment fort en poudre + 2 cuil. à soupe d'huile d'olive + Le jus de 1 citron + Sel

- Préchauffez le four à 210 °C (th. 7). Retirez l'arête centrale des sardines en prenant soin de ne pas détacher les deux filets. Réservez.
- Préparez la chermoula. Passez rapidement la coriandre sous l'eau fraîche, puis séchez-la et ciselez-la finement. Épluchez les gousses d'ail, retirez le germe. Pressez l'ail ou écrasez-le. Dans un plat creux, mélangez la coriandre, l'ail, les épices, le jus de citron, l'huile d'olive et le sel.
- Ajoutez les sardines et enrobez-les bien de marinade. Placez au moins 1 heure au réfrigérateur.
- Roulez les sardines sur elles-mêmes et rangez-les dans un plat allant au four. Enfournez 10 à 15 minutes.

POISSON AUX PATATES DOUCES ET AUX RAISINS SECS

POUR 4 PERSONNES • PRÉPARATION : 30 MIN • CUISSON : 40 MIN

4 tranches ou filets de poisson blanc (daurade, loup, merlan...) + 600 g de patates douces
1 pincée de piment fort + Le jus de 1 citron + 2 cuil. à soupe d'huile d'olive + 1 gousse d'ail
1 cuil. à café de gingembre en poudre + 1 cuil. à café de cumin en poudre + 1 cuil. à café de paprika + Quelques brins de persil plat + 40 g de raisins secs + Sel et poivre

❐ Préparez la marinade. Lavez et essuyez le persil, puis hachez-le. Épluchez et écrasez la gousse d'ail en retirant le germe. Réunissez tous les ingrédients de la marinade dans un plat creux. Enrobez les tranches de poisson de ce mélange et laissez macérer 20 minutes.

❐ Épluchez les patates douces et coupez-les en gros morceaux. Mettez l'huile et les patates douces dans une cocotte. Faites cuire à feu doux pendant 15 minutes.

❐ Ajoutez le poisson et sa marinade, puis les raisins secs. Laissez mijoter à feu doux 20 minutes.

❐ Retirez le poisson et gardez-le au chaud. Faites réduire le jus de cuisson jusqu'à l'obtention d'une sauce onctueuse. Pour servir, déposez les patates sur les tranches de poisson et nappez de sauce.

DAURADE AU CITRON VERT ET AU FENOUIL

POUR 4 PERSONNES • PRÉPARATION : 45 MIN • MARINADE : 1 H
CUISSON : 30 MIN

1 daurade de 1,2 kg ou 2 petites, vidées et écaillées + 5 citrons verts non traités + 3 citrons jaunes non traités + 5 bulbes de fenouil + 1 gousse d'ail + 1 petite feuille de laurier
½ cuil. à café de cumin moulu + ½ cuil. à café de cumin en graines + 3 cuil. à soupe d'huile d'olive + Sel et poivre

❐ Lavez le poisson et essuyez-le. Pressez le jus de 3 citrons verts et de 2 citrons jaunes. Mélangez-le dans un bol, avec 2 cuillerées à soupe d'huile d'olive et le cumin. Salez et poivrez. Enduisez le poisson des trois quarts de cette préparation et laissez mariner 1 heure au réfrigérateur.

❐ Pendant ce temps, pelez et écrasez la gousse d'ail en prenant soin de retirer le germe. Nettoyez les bulbes de fenouil et coupez-les en quatre. Disposez-les dans une grande marmite, ajoutez l'ail, la feuille de laurier, le reste du jus de citron assaisonné et 5 cl d'eau.

❐ Faites cuire 15 minutes à couvert sur feu doux.

❐ Coupez les citrons restants en rondelles. Posez la daurade sur le lit de fenouil, recouvrez des rondelles de citron et ajoutez 1 cuillerée à soupe d'huile d'olive. Couvrez et faites cuire 15 minutes à l'étouffée sur feu doux.

COUSCOUS DE LÉGUMES

POUR 4 PERSONNES • PRÉPARATION : 10 MIN • CUISSON : 10 MIN

300 g de fleurettes de brocolis + 150 g de dés de poivrons rouges et verts surgelés
2 courgettes + 1 noix de beurre + 200 g de semoule de couscous à grain moyen
3 cuil. à soupe de raisins secs blonds + 2 cuil. à soupe de coriandre ciselée + 2 cuil. à soupe d'huile d'olive + Sel et poivre

❒ Mettez les raisins secs à gonfler dans 1 verre d'eau.

❒ Lavez les courgettes, ôtez-en les extrémités, puis coupez-les en cubes (avec la peau).

❒ Chauffez l'huile dans un wok (ou une sauteuse) et faites-y revenir les courgettes et les poivrons avec une pincée de sel et du poivre pendant 7 ou 8 minutes, à feu moyen, en remuant régulièrement.

❒ Pendant ce temps, faites cuire les fleurettes de brocolis dans une casserole d'eau bouillante salée pendant 6 ou 7 minutes. Puis prélevez-les à l'aide d'une écumoire, pour conserver l'eau de cuisson, et ajoutez-les dans le wok. Mélangez et parsemez de coriandre. Réservez à couvert.

❒ Mettez la semoule de couscous dans un saladier et versez dessus, petit à petit, une louche d'eau de cuisson des brocolis. Ajoutez encore un peu d'eau de cuisson si besoin (les graines doivent être tendres). Laissez gonfler les graines, puis ajoutez le beurre et égrenez à la fourchette. Incorporez les raisins secs égouttés. Servez la semoule garnie des légumes.

TAJINE DE HARICOTS COCO À LA TOMATE

POUR 6 PERSONNES • PRÉPARATION : 20 MIN • MARINADE : 12 H
CUISSON : 30 MIN

200 g de haricots blancs secs + 600 g de dés de tomate au naturel (en conserve)
1 poivron rouge + 1 gousse d'ail + 2 oignons + 1 petit bouquet de persil et de coriandre (3 ou 4 tiges de chaque) + 1 cuil. à soupe de feuilles de coriandre ou de persil ciselées
1 ou 2 cuil. à café de harissa (selon le goût) + 2 ou 3 cuil. à soupe d'huile d'olive
Sel et poivre

❒ Faites tremper les haricots une douzaine d'heures dans un grand volume d'eau froide. Égouttez-les.

❒ Mettez-les dans une casserole, recouvrez-les largement d'eau et amenez à ébullition. Baissez le feu et faites mijoter 30 minutes environ, ou jusqu'à ce qu'ils soient juste tendres. Égouttez-les à nouveau.

❒ Pelez la gousse d'ail. Épluchez et émincez finement les oignons. Coupez le poivron en deux, retirez les graines et les cloisons intérieures, et taillez-le en lanières. Faites-les fondre ensemble 5 à 10 minutes avec l'huile d'olive, dans une cocotte placée à feu doux.

❒ Quand ils sont bien tendres et commencent à dorer, ajoutez la harissa, les tomates et le bouquet d'herbes.

❒ Salez et poivrez. Couvrez et laissez mijoter doucement 15 à 20 minutes.

❒ Mettez les haricots dans cette sauce et poursuivez la cuisson encore 10 à 15 minutes : ils doivent être fondants sans s'écraser.

❒ Retirez le bouquet d'herbes et parsemez de feuilles de persil ou de coriandre ciselées avant de servir.

SARDINES FRITES

POUR 4 PERSONNES • PRÉPARATION : 30 MIN • CUISSON : 4 MIN

24 sardines + 2 citrons + le jus de 1 citron + 3 gousses d'ail + ½ botte de coriandre
Quelques branches de persil + 1 cuil. à café de cumin en poudre + 1 cuil. à café de paprika rouge doux + 3 cuil. à soupe d'huile de tournesol + 1 cuil. à café de sel + Huile de friture

❒ Rincez, puis videz les sardines en ôtant les arêtes de la colonne sans séparer les deux filets. Hachez l'ail et la coriandre séparément. Coupez les citrons en rondelles.

❒ Dans un saladier, versez l'huile, l'ail, la coriandre, le jus de citron, les épices, le sel et 2 cuillerées à soupe d'eau. Mélangez le tout. Essuyez bien les sardines, puis badigeonnez-les de cette sauce (la charmoula).

❒ Plongez les sardines dans un bain d'huile très chaud, 2 minutes de chaque côté. Sortez-les, puis disposez-les sur un papier absorbant.

❒ Servez les sardines chaudes ou froides selon vos goûts. Décorez de persil et de rondelles de citron.

TAJINE DE LÉGUMES AUX ŒUFS

POUR 4 À 6 PERSONNES • PRÉPARATION : 25 MIN • CUISSON : 35 MIN

4 pommes de terre + 2 courgettes + 1 poivron vert + 3 navets + 1 aubergine
2 tomates + 3 oignons + ½ botte de coriandre + 4 œufs + 1 pincée de gingembre en poudre + 1 cuil. à soupe de paprika rouge doux + 1 sachet de colorant ou de safran
1 cuil. à soupe d'huile d'olive + 2 cuil. à café de sel + 1½ cuil. à café de poivre

- Pelez et émincez les oignons. Lavez, épluchez et coupez les légumes en quatre. Hachez la coriandre.
- Dans un plat à tajine, faites revenir dans l'huile les oignons, les épices, 1 cuillerée à café de sel et de poivre, le colorant et 1 petit verre d'eau. Mélangez le tout. Couvrez et laissez cuire 5 minutes à feu doux.
- Disposez les légumes en forme de dôme sur le lit d'oignon. Saupoudrez de coriandre, de sel et de poivre, puis couvrez et laissez cuire 25 minutes environ à feu doux.
- Cassez les œufs sur les légumes, sans casser les jaunes, salez et poivrez, couvrez, laissez cuire encore 5 minutes et servez aussitôt.

COUSCOUS AUX OIGNONS BLANCS

POUR 6 PERSONNES • PRÉPARATION : 15 MIN • CUISSON : 15 MIN

Pour la graine de couscous : 700 g de semoule de couscous moyenne
6 cuil. à soupe d'huile + Sel

Pour la garniture : 400 g de tomates pelées avec leur jus (en conserve) + 8 oignons blancs (2 bottes) + 4 gousses d'ail + 4 cuil. à soupe de double concentré de tomate + 2 cuil. à soupe d'huile d'olive + 1 cuil. à soupe de harissa (facultatif) + 1 cuil. à café de carvi
1 cuil. à café de piment rouge en poudre + Sel et poivre

❒ Préparez la semoule selon l'étape 1 de la page 58. Supprimez le beurre en fin de cuisson.

❒ Pelez les oignons et les gousses d'ail ; hachez-les grossièrement.

❒ Faites revenir les oignons et l'ail dans une casserole contenant l'huile d'olive. Ajoutez le double concentré de tomate, la harissa, le carvi et le piment rouge.

❒ Versez les tomates pelées dans un saladier. Écrasez celles-ci dans leur jus à l'aide d'une fourchette. Incorporez cette purée de tomates à la préparation aux oignons. Salez, poivrez et laissez mijoter la sauce pendant 15 minutes à feu moyen.

❒ Versez la sauce tomate sur le couscous encore chaud. Malaxez avec les mains jusqu'à ce que le couscous soit bien mélangé avec la sauce tomate.

❒ Présentez le couscous dans un grand plat de service et servez chaud.

COUSCOUS AUX FÈVES ET PETITS POIS

POUR 0 PERSONNES • PRÉPARATION : 00 MIN • CUISSON : 00 MIN

1 kg de semoule de couscous moyenne + 200 g de fèves fraîches + 100 g de petits pois frais 1 l de lait + 6 cuil. à soupe d'huile + 100 g de beurre + Pousses de betteraves + Feuilles de menthe + 2 cuil. à soupe de sucre fin + Sel

❒ Versez 1 l d'eau dans une cocotte, ajoutez les fèves et les petits pois, salez et faites bouillir pendant 20 minutes, jusqu'à ce qu'ils soient bien tendres.

❒ Préparez, entre-temps, la semoule selon l'étape 1 de la page 58. En fin de cuisson, beurrez de nouveau le couscous et ajoutez

❒ les fèves et les petits pois. Mélangez délicatement.

❒ Versez le lait dans une casserole avec 2 verres d'eau. Ajoutez le sucre et faites bouillir.

❒ Disposez le couscous dans des assiettes individuelles. Arrosez généreusement de lait. Laissez absorber 5 minutes. Avant de servir, disposez les feuilles de betterave et de menthe.

COUSCOUS D'ORGE AUX LÉGUMES VERTS

POUR 3 À 4 PERSONNES • PRÉPARATION : 20 MIN • CUISSON : 30 MIN

250 g d'orge concassé fin + 15 cl de lait entier + 200 g de pommes de terre + 200 g de chou vert + 100 g de jeunes courgettes + 400 g de jeunes fèves + 200 g de petits pois en cosses + 100 g de fanes de navets + 2 gros oignons + 1 tomate pelée et concassée 7 cuil. à soupe d'huile d'olive + 1 cuil. à café de curcuma + 1 cuil. à café de gingembre ½ cuil. à café de poivre noir + 1 cuil. à café de sel fin

❒ Lavez les fanes de navets et pelez le collet. Pelez et émincez les oignons, puis faites-les revenir dans le bas du couscoussier avec 5 cuillerées à soupe d'huile, les épices, ½ cuillerée à café de sel, la tomate ; laissez cuire 15 minutes. Écossez les fèves et les petits pois ; supprimez les premières feuilles du chou et coupez-le en quartiers ; lavez les courgettes et détaillez-les en tronçons ; pelez les pommes de terre et coupez-les en morceaux. Ajoutez 50 cl d'eau et les légumes dans le couscoussier, et amenez à ébullition à couvert. Arrosez l'orge de 10 cl d'eau, patientez 5 minutes puis ajoutez 1 cuillerée à soupe d'huile d'olive, ½ cuillerée à café de sel et frottez-le entre les mains. Placez l'orge dans le haut du couscoussier, arrosez-le de 10 cl d'eau et cuisez-le 15 minutes. Versez l'orge cuit dans un saladier et travaillez-le en ajoutant 40 cl d'eau et 1 cuillerée à soupe d'huile d'olive. Replacez-le dans le couscoussier pour 15 minutes. Vérifiez qu'il reste du bouillon de légumes et faites chauffer le lait avec le poivre. Disposez l'orge en couronne et arrosez-le de lait chaud.

LENTILLES FAÇON FATI

POUR 4 À 6 PERSONNES • PRÉPARATION : 10 MIN • CUISSON : 40 MIN

200 g de viande (au choix) + 500 g de lentilles + ¼ citron + 2 gousses d'ail + 1 oignon
½ botte de coriandre + 1 feuille de laurier + ½ cuil. à café de curry + ½ cuil. à café de gingembre en poudre + 1 petite boîte de concentré de tomate + 1 sachet de colorant ou de safran + 1 cuil. à soupe d'huile de tournesol + 1 cuil. à soupe d'huile d'olive
1 cuil. à café de sel + 1 cuil. à café de poivre

❐ Coupez la viande en petits morceaux. Pelez et émincez l'oignon, puis hachez la coriandre.

❐ Dans une marmite, faites revenir la viande avec l'huile de tournesol, les épices, le laurier et le colorant. Déliez le concentré de tomate dans 3 verres d'eau. Versez-le sur la viande, ainsi que l'oignon, les gousses d'ail, le sel et le poivre. Couvrez et laissez cuire à feu doux pendant 30 minutes. Ajoutez un peu d'eau en cours de cuisson si nécessaire.

❐ Faites bouillir les lentilles dans 1 l d'eau. Laissez cuire 30 minutes à feu doux, puis égouttez-les dans une passoire. Rincez-les à l'eau froide.

❐ Versez les lentilles sur la viande, ajoutez le citron et mélangez. Rectifiez l'assaisonnement si nécessaire, puis laissez mijoter 10 minutes.

❐ Servez dans un plat creux après avoir préalablement recouvert le fond d'huile d'olive.

COUSCOUS AUX SEPT LÉGUMES ET AUX DATTES

POUR 6 À 8 PERSONNES • PRÉPARATION : 2 H • MARINADE : 12 H • CUISSON : 2 H

500 g d'orge ou de blé concassé + 150 g de fèves sèches + 100 g de pois chiches
6 navets + 6 petites carottes + 1 petit chou + 4 oignons + 2 gousses d'ail + 500 g de courge rouge + 1 ou 2 petits piments rouges (facultatif) + 1 cuil. à soupe de paprika + 1 pincée de pistils de safran pilés + 3 cuil. à soupe d'huile d'olive + 150 g de beurre mou
Une trentaine de dattes en branches + Sel et poivre

❒ La veille, mettez les pois chiches et les fèves à tremper dans de l'eau froide. Le jour même, épluchez les oignons et coupez-les en rondelles. Épluchez les gousses d'ail, retirez le germe et hachez-les. Épluchez les navets et les carottes, coupez-les en gros morceaux. Retirez le trognon du chou, coupez ce dernier en quartiers.

❒ Mettez l'huile, les épices, les oignons, l'ail, les carottes, les navets, le chou, le poivre et éventuellement les piments dans la marmite du couscoussier. Faites revenir pendant 5 minutes à feu vif, puis ajoutez les pois chiches et les fèves égouttés. Couvrez avec 2 l d'eau froide. Portez à ébullition et faites cuire une vingtaine de minutes à feu moyen.

❒ Portez 50 cl d'eau à ébullition. Versez l'orge dans un grand plat creux, saupoudrez 1 cuillerée à café de sel et arrosez avec l'eau bouillante. Laissez gonfler.

❒ Épluchez la courge et coupez-la en gros morceaux. Ajoutez-la dans la marmite et poursuivez la cuisson pendant 15 minutes.

❒ Aérez l'orge du bout des doigts et incorporez petit à petit le beurre. Arrosez avec 1 louche de bouillon prélevé dans la marmite. Mélangez et laissez gonfler 10 minutes. Mettez l'orge dans la partie haute du couscoussier, ajustez celle-ci sur la marmite et lutez les deux récipients avec un torchon pour empêcher la vapeur de s'échapper. Faites réchauffer pendant quelques minutes, jusqu'à ce que la vapeur passe à travers les céréales. Déposez-les dans un grand plat rond, en y cachant les dattes et en formant un cône. Disposez les légumes et arrosez de bouillon.

TAJINE DE LÉGUMES VARIÉS AUX PRUNEAUX

POUR 6 PERSONNES • PRÉPARATION : 20 MIN • CUISSON : 50 MIN

4 carottes + 2 courgettes + 500 g de patates douces + 200 g de pruneaux dénoyautés
2 gousses d'ail + 2 oignons + 1 cuil. à soupe de coriandre ciselée + 1 cuil. à soupe de persil plat ciselé + 1 cuil. à soupe de ras el-hanout + 25 cl de bouillon de volaille
2 cuil. à soupe de miel + 3 cuil. à soupe d'huile d'olive + Sel et poivre

❒ Épluchez les oignons et coupez-les en quartiers. Supprimez les extrémités des courgettes, pelez les carottes et les patates douces. Lavez-les et séchez-les, puis taillez-les en rondelles ou en gros bâtonnets. Laissez les gousses d'ail entières.

❒ Préchauffez le four à 180 °C (th. 6). Enduisez l'intérieur d'un tajine avec l'huile d'olive.

❒ Mélangez les légumes et les oignons dans le tajine, remuez plusieurs fois pour les enrober d'huile et glissez les gousses d'ail entre les morceaux. Salez et poivrez. Enfournez et faites cuire 20 minutes environ.

❒ Faites chauffer le bouillon avec le miel et le ras el-hanout.

❒ Répartissez les pruneaux dans le plat et versez le bouillon chaud sur les légumes. Couvrez et remettez à cuire 30 minutes environ, jusqu'à ce que les légumes soient fondants. Vérifiez qu'il y a toujours assez de liquide et, si nécessaire, rajoutez un peu d'eau chaude de temps en temps pour qu'il reste un jus court et caramélisé en fin de cuisson.

❒ Servez chaud, parsemé de coriandre et de persil.

TOPINAMBOURS AUX AMANDES

POUR 4 PERSONNES • PRÉPARATION : 20 MIN • CUISSON : 15 MIN

1 kg de topinambours + Le jus de ½ citron + 1 gousse d'ail + 2 grosses échalotes
1 petit bouquet de coriandre (4 ou 5 tiges) + 1 pincée de gingembre
1 petite pincée de safran + ¼ cuil. à café de cannelle + 2 cuil. à soupe d'amandes mondées
1 cuil. à soupe de miel + 40 g de beurre + Sel et poivre

❒ Épluchez les échalotes, puis émincez-les en fines lamelles. Pelez et écrasez la gousse d'ail.

❒ Épluchez les topinambours et coupez-les en rondelles de 1 cm d'épaisseur. Plongez-les au fur et à mesure dans un saladier d'eau additionnée du jus de citron pour éviter qu'ils noircissent.

❒ Faites fondre la moitié du beurre dans une cocotte, ajoutez les échalotes et les amandes, et laissez cuire 5 minutes en remuant.

❒ Mélangez 12 cl d'eau bouillante, le miel et les épices.

❒ Quand les échalotes et les amandes commencent à dorer légèrement, ajoutez les topinambours, l'ail et le bouquet de coriandre, puis versez le miel épicé, salez et poivrez. Couvrez et faites cuire 15 à 20 minutes à légère ébullition, jusqu'à ce que les topinambours soient juste tendres, sans se défaire.

❒ Retirez le bouquet de coriandre. Prenez les topinambours avec une écumoire et déposez-les dans un tajine chaud.

❒ Si le jus de cuisson est encore très liquide, faites-le réduire quelques instants à feu vif pour lui donner une consistance onctueuse. Retirez du feu et incorporez le reste du beurre. Laissez-le fondre en remuant, puis versez sur les topinambours. Servez aussitôt.

VERMICELLES VAPEUR À LA CANNELLE

POUR 5 PERSONNES • PRÉPARATION : 20 MIN • CUISSON : 45 MIN

750 g de vermicelles + 150 g de raisins secs + 40 g de beurre + ½ verre d'huile de tournesol + un peu pour la poêle + Sel et poivre blanc
Pour la décoration : 150 g d'amandes + 150 g de sucre glace + 50 g de cannelle

- Dans une casserole, mettez les raisins secs dans de l'eau (de sorte que les raisins secs soient recouverts) et faites-les gonfler 10 à 15 minutes à feu doux. Égouttez et réservez.
- Plongez les amandes dans une casserole d'eau bouillante pendant 10 minutes. Égouttez et séchez-les bien. Émondez-les, puis faites-les dorer à feu doux dans une poêle avec un filet d'huile. Réservez.
- Faites bouillir 2 l d'eau dans une marmite.
- Dans un plat, versez l'huile et les vermicelles, puis mélangez avec les mains. Versez-les dans le tamis du couscoussier, puis placez le tout sur la marmite d'eau bouillante. Couvrez jusqu'à ce que la vapeur s'échappe. Découvrez et laissez cuire 2 ou 3 minutes. Versez les vermicelles dans un plat, mélangez et arrosez avec 1 verre d'eau salée.
- Recommencez la même opération trois ou quatre fois, jusqu'à ce que les vermicelles soient bien tendres et légers. Ajoutez les raisins, le sel, le poivre, puis le beurre et mélangez délicatement.
- Dans un plat rond, disposez les vermicelles en forme de dôme. Décorez avec les amandes dorées, la cannelle et le sucre glace en formant des filets du bas du dôme vers le haut. Servez aussitôt.

COUSCOUS DES ROIS

POUR 6 À 8 PERSONNES • PRÉPARATION : 6 H • CUISSON : 6 H

Pour le couscous : 500 g de semoule fine + 50 g de raisins secs + 50 g d'amandes émondées + ½ cuil. à café de sel + 3 cuil. à soupe d'eau de fleur d'oranger + 60 g de beurre 150 g de sucre en poudre + 1 cuil. à café de cannelle en poudre
Pour la garniture : 400 g de sucre + 1 bâton de cannelle + 12 pruneaux + Assortiment de fruits frais (figues, pêches, abricots, poires)

❐ Placez les raisins secs dans un bol, recouvrez d'eau chaude et laissez tremper pendant 30 minutes. Pendant ce temps, faites dorer les amandes quelques minutes dans une poêle antiadhésive. Hachez-les grossièrement.

❐ Portez une grande quantité d'eau à ébullition dans la marmite du couscoussier. Placez le haut du couscoussier sur la marmite, lutez avec du papier d'aluminium. Versez la semoule dans le haut du couscoussier. Laissez cuire 20 minutes environ à partir du moment où la vapeur traverse la semoule. Transférez la semoule dans un grand plat creux et remuez-la avec une fourchette. Laissez refroidir quelques minutes, puis arrosez de 10 cl d'eau froide salée. Mélangez, laissez reposer quelques minutes, puis incorporez 1 cuillerée à soupe de fleur d'oranger, 20 g de beurre et 50 g de sucre. Remettez le couscous dans le haut du couscoussier et faites cuire jusqu'à ce que la vapeur traverse la semoule. Transférez la semoule dans le plat creux et incorporez 1 cuillerée à soupe d'eau de fleur d'oranger, 20 g de beurre et 50 g de sucre. Laissez reposer 10 minutes environ. Remettez le couscous dans le haut du couscoussier et faites cuire jusqu'à ce que la vapeur traverse la semoule. Transférez dans le plat creux et incorporez le reste de fleur d'oranger, 20 g de beurre et 50 g de sucre. Faites cuire la semoule une dernière fois dans le haut du couscoussier. Retirez du feu, transférez dans le plat et aérez à la fourchette. Incorporez la cannelle en poudre, les raisins secs égouttés et les amandes grillées hachées.

❐ Préparez la garniture. Placez 1 l d'eau, le sucre et le bâton de cannelle dans une grande casserole, portez à ébullition. Réduisez le feu. Pelez les fruits frais et coupez-les en quartiers. Faites-les cuire avec les pruneaux 20 minutes dans le sirop. Laissez refroidir. Dressez la semoule en forme de cône dans une assiette et déposez les fruits refroidis. Arrosez de sirop et servez le reste dans un bol.

COUSCOUS SUCRÉ

POUR 2 PERSONNES • PRÉPARATION : 10 MIN • CUISSON : 45 MIN

250 g de semoule de couscous fin + 25 g de beurre mou + 2 verres de lait
50 g d'amandes mondées + Cannelle en poudre + Sucre glace + ½ cuil. à café de sel

❒ Faites cuire la semoule : versez de l'eau dans la partie basse du couscoussier et portez-la à ébullition. Mouillez la semoule de 10 cl d'eau froide et, dans un large plat, travaillez-la en frottant les paumes de vos mains l'une contre l'autre pour bien détacher chaque grain. Répétez ce geste durant 5 minutes. Versez ensuite la graine de couscous dans la partie haute du couscoussier et posez cette dernière sur la partie basse.

❒ Dès que la vapeur traverse les grains, comptez 15 minutes de cuisson, puis versez les grains, un peu gonflés, dans le grand plat. Travaillez-les de nouveau entre vos mains en les humectant de 10 cl d'eau fraîche et en les salant. Complétez l'eau dans le bas du couscoussier, versez la semoule gonflée dans le tamis, replacez-le sur le bas du couscoussier.

❒ Répétez la même opération et laissez la semoule reposer 15 minutes.

❒ Hachez grossièrement les amandes et faites-les griller à sec dans une poêle.

❒ Terminez la cuisson : versez-la de nouveau dans le tamis et faites-la cuire encore 15 minutes à partir du moment où la vapeur passe au travers. Travaillez une dernière fois les grains de couscous en ajoutant le beurre mou.

❒ Servez ce couscous chaud, décoré de cannelle et d'amandes hachées grillées, accompagné d'un verre de lait froid, et de sucre glace selon votre goût.

TAJINE D'ABRICOTS AU MIEL

POUR 4 PERSONNES • PRÉPARATION : 15 MIN • CUISSON : 10 MIN

1 kg d'abricots, juste mûrs et fermes + 2 cuil. à soupe d'amandes effilées + 150 g de sucre en poudre + 1 cuil. à soupe de miel + 50 g de beurre

- Rincez et essuyez les abricots. Préparez un sirop avec le sucre et 10 cl d'eau. Réunissez-les dans une cocotte et chauffez doucement, en remuant jusqu'à ce que le sucre soit complètement fondu. Faites cuire ensuite 2 ou 3 minutes à petite ébullition, sans mélanger.
- Quand le sirop commence à dorer très légèrement, ajoutez les abricots en les disposant côte à côte.
- Retournez-les plusieurs fois pour bien les enrober de sirop et faites cuire 5 minutes à feu moyen, en remuant très souvent, pour qu'ils commencent à s'attendrir.
- Préchauffez le four à 180 °C (th. 6). Transvasez les abricots et leur sirop dans un tajine.
- Faites fondre le beurre avec le miel et versez le mélange sur les fruits. Couvrez, enfournez et faites cuire encore 5 minutes.
- Pendant ce temps, faites légèrement dorer les amandes à sec.

- Sortez le plat du four, retirez le couvercle et parsemez d'amandes. Servez aussitôt.

TAJINE DE FRUITS SECS À L'ORANGE

POUR 8 PERSONNES • PRÉPARATION : 10 MIN • CUISSON : 30 MIN

30 g de beurre + 1 grosse orange + Rondelles de pommes séchées + Rondelles de poires séchées + 4 figues sèches + 10 abricots secs + 6 pruneaux dénoyautés + 125 g de raisins secs + 6 dattes + 4 cuil. à soupe de miel + 1 gousse de vanille + 1 bâton de cannelle
1 cuil. à soupe d'eau de fleur d'oranger

- Rincez à l'eau chaude les rondelles de pommes et de poires séchées, ainsi que les abricots, les figues et les raisins secs. Dénoyautez les pruneaux et les dattes. Recoupez en deux les figues et les abricots. Râpez finement le zeste de l'orange et pressez son jus.

- Réunissez tous les fruits dans une cocotte où vous aurez fait fondre le beurre. Ajoutez le jus d'orange, le miel, la vanille et la cannelle. Versez 15 cl d'eau tiède et faites cuire pendant 30 minutes environ en remuant de temps en temps jusqu'à ce que le jus de cuisson soit bien réduit et les fruits très tendres.

- Retirez la gousse de vanille et le bâton de cannelle. Versez le contenu de la cocotte dans un tajine de service et arrosez d'eau de fleur d'oranger. Poudrez de zeste d'orange râpé et servez.

TAJINE DE FIGUES AUX PÊCHES

POUR 6 PERSONNES • PRÉPARATION : 20 MIN • CUISSON : 15 MIN

12 figues violettes fraîches + 12 pêches jaunes + 6 rondelles d'orange confite
4 cuil. à soupe de miel + 10 cl de nectar de pêche + 2 bâtons de cannelle + 4 cuil. à soupe d'amandes effilées

❐ Lavez et essuyez délicatement les figues, éliminez le pédoncule et coupez les figues en quartiers. Ébouillantez rapidement les pêches, pelez-les, coupez-les en deux et retirez le noyau.

❐ Dans un tajine de cuisson, versez le miel, le nectar de pêche et les bâtons de cannelle cassés en deux. Faites chauffer doucement en intercalant un diffuseur. Dès que le liquide frémit, ajoutez les figues, les pêches et les rondelles d'orange. Laissez mijoter doucement pendant une quinzaine de minutes.

❐ Retirez les bâtons de cannelle et parsemez le dessus avec les amandes effilées. (Vous pouvez au préalable les faire griller doucement dans une petite poêle à sec en les surveillant bien pour qu'elles ne brunissent pas trop.)

PETITS TAJINES DE FIGUES À LA CRÈME D'AMANDE

POUR 4 PERSONNES • PRÉPARATION : 30 MIN • CUISSON : 15 MIN

12 grosses figues violettes + 1 cuil. à café d'eau de fleur d'oranger + 1 pincée de cannelle
100 g de sucre en poudre + Beurre pour le plat
Pour la crème d'amande : 1 blanc d'œuf + 200 g de poudre d'amande + 1 cuil. à soupe d'eau de fleur d'oranger + 100 g de sucre glace + 60 g de beurre mou

❐ Faites chauffer doucement le sucre dans une petite casserole avec 10 cl d'eau, en remuant pour le faire fondre. Laissez bouillir ce sirop 1 ou 2 minutes, puis retirez du feu, ajoutez la cannelle et l'eau de fleur d'oranger, et réservez.

❐ Réunissez les ingrédients de la crème d'amande dans un saladier et malaxez-les à la main ou à la spatule pour obtenir une pâte homogène et épaisse.

❐ Rincez et essuyez les figues. Coupez un chapeau aux deux tiers de leur hauteur, puis retirez une grosse noix de pulpe, en les creusant avec une petite cuillère. Hachez-la au couteau et mélangez-la à la crème d'amande.

❐ Préchauffez le four à 180 °C (th. 6) et beurrez un plat à four ou à tajine.

❐ Garnissez largement les figues de la préparation, rangez-les côte à côte dans le tajine, puis replacez les chapeaux. Versez le sirop, couvrez, glissez le plat dans le four et faites cuire 15 à 20 minutes.

❐ Servez tiède ou froid.

TAJINES DE PRUNEAUX AUX NOIX

POUR 4 PERSONNES • PRÉPARATION : 20 MIN • CUISSON : 15 MIN

400 g de pruneaux moelleux + 200 g de cerneaux de noix (ou autant que de pruneaux) 25 cl de jus d'orange frais + 1 cuil. à soupe d'eau de fleur d'oranger + 2 cuil. à soupe de sucre + 1½ cuil. à café de cannelle moulue

- Si les pruneaux ne sont pas dénoyautés, incisez-les sur le côté sans séparer les deux moitiés et retirez les noyaux. Glissez un cerneau de noix à l'intérieur. Rangez-les au fur et à mesure dans un tajine ou une petite cocotte.
- Versez le jus d'orange et l'eau de fleur d'oranger, saupoudrez de sucre et amenez à légers frémissements. Couvrez et laissez mijoter 15 à 20 minutes à feu doux. Arrosez de temps en temps avec le jus de cuisson.
- Retirez du feu et saupoudrez de cannelle. Laissez tiédir et servez à température ambiante.

TAJINE DE POMMES ET COINGS À L'ORANGE

POUR 4 PERSONNES • PRÉPARATION : 20 MIN • CUISSON : 20 MIN

500 g de pommes (granny-smith, golden, reinette) + 600 g de coings + 30 cl de jus d'orange frais + Le jus de 1 citron + ¼ cuil. à café de cannelle moulue + 80 g de sucre en poudre + Beurre pour le plat

❒ Mélangez 60 g de sucre, le jus d'orange et la cannelle dans une petite cocotte, faites chauffer doucement en remuant jusqu'à ce que le sucre soit complètement fondu, puis laissez cuire 3 ou 4 minutes à petite ébullition.

❒ Épluchez les coings. Coupez-les en quartiers, retirez le cœur et les pépins, et mettez-les au fur et à mesure dans le sirop pour éviter qu'ils noircissent. Couvrez et faites cuire 15 à 20 minutes à petits frémissements, jusqu'à ce que les fruits commencent à être tendres sans s'écraser.

❒ Pendant ce temps, épluchez les pommes et coupez-les aussi en quartiers, en retirant le cœur et les pépins. Arrosez-les aussitôt du jus de citron.

❒ Préchauffez le four à 180 °C (th. 6). Beurrez un plat à four ou à tajine.

❒ Transvasez les coings dans le plat, puis répartissez les quartiers de pomme, arrosez du sirop à l'orange et saupoudrez du reste du sucre. Enfournez en couvrant si le jus est déjà assez concentré, ou à découvert s'il est encore très liquide. Faites cuire encore 10 à 15 minutes, jusqu'à ce qu'il ne reste que quelques cuillerées de sirop.

❒ Servez chaud ou tiède.

MHANCHA AUX AMANDES

POUR 30 MHANCHA • PRÉPARATION : 40 MIN • CUISSON : 25 MIN

12 feuilles de brick ou pâte filo + Quelques amandes concassées ou effilées pour décorer
150 g de miel + 40 g de beurre fondu + 1 cuil. à café de cannelle en poudre
1 jaune d'œuf

Pour la pâte d'amandes : 60 g de beurre fondu + 500 g d'amandes + 100 g de sucre en poudre + 3 cuil. à soupe d'eau de fleur d'oranger + 1 pincée de gomme arabique (facultatif)

❒ Plongez les amandes entières dans de l'eau bouillante pour 5 minutes. Mondez les amandes, essuyez-les et mettez- les dans un robot avec le sucre, la cannelle, 60 g de beurre fondu, l'eau de fleur d'oranger et la gomme arabique. Mixez plusieurs fois, jusqu'à l'obtention d'une pâte lisse, facile à manier.

❒ Préchauffez le four à 180 °C (th. 6). Coupez chaque feuille de brick en un grand rectangle, couvrez-les d'un linge propre pour éviter qu'elles dessèchent. Prenez 1 feuille de brick, badigeonnez-la de beurre fondu, et posez un long boudin de pâte d'amandes tout le long du bord inférieur du rectangle.

❒ Enroulez la pâte d'amandes dans la feuille de brick : vous obtenez un long cigare. Badigeonnez-le de jaune d'œuf, puis parsemez dessus des amandes effilées ou concassées, jusqu'à épuisement des ingrédients.

❒ Déposez les cigares sur la plaque du four tapissée de papier sulfurisé. Enfournez et laissez cuire 15 à 20 minutes, jusqu'à ce que les mhancha aient pris une belle couleur dorée. À la sortie du four, arrosez-les de miel chauffé. Laissez bien refroidir avant de découper chaque cigare en morceaux de 4 cm environ.

TAJINE DE POIRES AUX DATTES

POUR 4 PERSONNES • PRÉPARATION : 20 MIN • CUISSON : 30 MIN

4 poires, juste mûres et fermes + 200 g de dattes + Le jus de 1 citron + 3 cuil. à soupe d'amandes effilées + ¼ cuil. à café de gingembre en poudre + ¼ cuil. à café de cannelle moulue + 2 cuil. à soupe de miel + 40 g de beurre + un peu pour le plat

❐ Faites fondre le beurre avec le miel et les épices. Beurrez un plat à four ou à tajine. Préchauffez le four à 180 °C (th. 6).

❐ Coupez les poires en deux, retirez le cœur et les pépins, puis épluchez-les au couteau économe. Rangez-les au fur et à mesure dans le plat et arrosez-les aussitôt du jus de citron.

❐ Versez régulièrement le beurre au miel sur les fruits et glissez le plat dans le four. Faites cuire 20 minutes.

❐ Répartissez les dattes autour des poires, couvrez et poursuivez la cuisson pendant 10 minutes. Pendant ce temps, faites légèrement dorer les amandes à sec.

❐ Sortez du four, laissez tiédir et parsemez avec les amandes sur le plat avant de servir.

GÂTEAU AUX DATTES ET AUX NOIX

POUR 6 PERSONNES • PRÉPARATION : 15 MIN • CUISSON : 25 MIN

200 g de farine + 10 g pour le moule + 3 œufs + 150 g de cerneaux de noix + 30 dattes
80 g de beurre + 10 g pour le moule + 50 g de sucre en poudre + 200 g de miel
1 sachet de levure

- Faites griller les noix dans une poêle antiadhésive, puis hachez-les grossièrement au couteau. Dénoyautez les dattes et coupez-les en petits morceaux.
- Préchauffez le four à 180 °C (th. 6). Faites fondre le beurre.
- Dans un grand saladier, mêlez la farine, la levure et le sucre. Ajoutez les œufs et le beurre fondu, puis le miel. Remuez jusqu'à l'obtention d'un mélange homogène. Incorporez délicatement les noix, puis les dattes.
- Beurrez et farinez un moule carré ou rectangulaire. Versez-y la pâte et enfournez pendant 25 minutes environ. Laissez tiédir à température ambiante, puis démoulez et découpez en losanges.

BAKLAVA

POUR 30 GÂTEAUX ENVIRON • PRÉPARATION : 30 MIN • CUISSON : 20 MIN

16 feuilles de pâte de filo + 300 g de cerneaux de noix + 300 g d'amandes émondées 150 g de sucre + 90 g de beurre + 2 cuil. à soupe d'eau de fleur d'oranger + 1 cuil. à café de cannelle en poudre + 200 g de miel

❒ Préchauffez le four à 180 °C (th. 6). Faites fondre 80 g de beurre à feu très doux. Faites griller les noix et les amandes à sec dans une poêle antiadhésive ou sous le gril du four. Hachez-les grossièrement, puis ajoutez l'eau de fleur d'oranger, le sucre, la cannelle et le beurre fondu. Malaxez bien.

❒ Faites fondre le reste du beurre. Badigeonnez-en une première feuille de pâte de filo et posez-la dans un moule carré de 20 cm de côté. Recommencez l'opération avec trois autres feuilles. Recouvrez du mélange aux amandes et aux noix, en le tassant légèrement. Beurrez 4 feuilles de filo et déposez-les sur le mélange. Faites cuire au four pendant 20 minutes.

❒ Pendant ce temps, faites chauffer le miel sur feu très doux dans une petite casserole. Il ne doit pas bouillir.

❒ À sa sortie du four, arrosez le gâteau avec le miel, puis découpez-le en losanges de 4 cm de côté environ.

BRIOCHES DE FEZ

POUR 15 BRIOCHES • PRÉPARATION : 20 MIN • REPOS : 1 H 30 • CUISSON : 15 MIN

450 g de farine + 25 cl de lait entier + 1 cuil. à soupe pour la dorure + 75 g de beurre mou
1 œuf + 1 jaune pour la dorure + 25 g de levure boulangère + 70 g de sucre en poudre
1-2 cuil. à soupe d'eau de fleur d'oranger + 1 cuil. à soupe de graines d'anis + 1 pincée de sel
Graines de sésame pour la décoration

❒ Faites tiédir le lait, versez-le dans un bol sur l'œuf entier, le sucre, l'eau de fleur d'oranger, la levure et le sel, mélangez bien. Incorporez ensuite la moitié de la farine, remuez, puis ajoutez le reste de la farine, l'eau de fleur d'oranger, les graines d'anis et le beurre. Pétrissez bien avec la main ou au crochet, jusqu'à l'obtention d'une pâte bien souple et qui ne colle plus (si besoin, ajoutez un peu de farine). Couvrez d'un linge et laissez lever 50 minutes.

❒ Formez 15 petites boules de pâte environ, posez-les sur une plaque recouverte de papier sulfurisé en veillant à les espacer. Aplatissez-les légèrement pour qu'elles ne gonflent pas trop à la cuisson. Couvrez-les et laissez-les reposer encore 35 minutes. Préchauffez le four à 200 °C (th 6-7).

❒ Badigeonnez les boules de pâte de jaune d'œuf battu dans le lait, parsemez de graines de sésame et enfournez. Laissez cuire 15 minutes, jusqu'à ce que les brioches soient bien dorées.

CROUSTADE POMMES-PRUNEAUX

POUR 4 PERSONNES • PRÉPARATION : 30 MIN • CUISSON : 15 À 20 MIN

MACÉRATION : 1 HEURE

8 feuilles de brick + 4 pommes + 150 g de pruneaux moelleux dénoyautés
100 g de beurre + 4 cuil. à soupe d'armagnac + Sucre glace

❒ Épluchez les pommes. Coupez-les en quartiers en retirant le cœur et les pépins. Mettez-les dans un plat creux, arrosez d'armagnac, saupoudrez d'un peu de sucre glace et laissez macérer 1 heure.

❒ Hachez sommairement les pruneaux au couteau. Égouttez les quartiers de pomme et faites-les revenir 5 minutes à la poêle, avec 20 g de beurre, en les retournant une fois. Faites fondre le reste du beurre et laissez-le refroidir.

❒ Préchauffez le four à 180 °C (th. 6).

❒ Enduisez 4 feuilles de brick de beurre fondu et superposez-les dans un moule rond assez haut, en les laissant dépasser du bord. Déposez les pommes et les pruneaux dans le moule, puis repliez les feuilles vers le centre. Recouvrez avec 3 des feuilles restantes, beurrées à chaque fois, et glissez les bords à l'intérieur du moule.

❒ Beurrez la dernière feuille de brick, coupez-la en bandes et disposez celles-ci dessus, en les pliant plusieurs fois comme un ruban, ou en les froissant pour faire un décor. Enfournez et faites cuire de 15 à 20 minutes. Démoulez et saupoudrez de sucre glace. Servez tiède.

M'SMMENS

POUR 5 PERSONNES • PRÉPARATION : 30 MIN • CUISSON : 10 MIN

500 g de farine type 55 + 250 g de semoule fine + 2 cuil. à soupe de beurre
3 cuil. à soupe d'huile de tournesol + un peu pour la poêle + 1 cuil. à café. de sel
Pour servir : Miel ou confiture

❒ Dans un plat, versez la farine, la semoule, le sel et ajoutez 50 cl d'eau tiède au fur et à mesure que vous pétrissez énergiquement, pour obtenir une pâte homogène. Puis divisez la pâte en boules moyennes.

❒ Faites fondre le beurre et mélangez-le avec l'huile. Badigeonnez les boules de pâte de cette préparation, puis étalez-les une à une avec les mains, en formant un cercle. Rabattez deux bords opposés vers le centre afin d'obtenir

❒ un rectangle et recommencez l'opération avec les deux autres bords opposés afin d'obtenir un carré. Étirez ensuite la pâte avec les doigts afin d'obtenir de fins carrés de 15 cm de côté.

❒ Faites dorer les boules de pâte ainsi transformées en carrés, à feu moyen dans une poêle huilée, 2 minutes environ de chaque côté.

❒ Servez avec du miel ou de la confiture.

BEIGNETS

POUR 4 À 5 PERSONNES • PRÉPARATION : 15 MIN • REPOS : 30 MIN
CUISSON : 30 MIN

500 g de farine type 55 + 20 g de levure de boulanger + 1 œuf + 1 cuil. à café de sucre en poudre + 1 l d'huile de tournesol + 1 cuil. à café de sel
Pour servir : Sucre glace, miel ou confiture

❒ Mettez la farine dans un saladier. Ajoutez la levure, le sel, le sucre et l'œuf. Mélangez en versant progressivement 50 cl d'eau. Pétrissez la pâte pendant 5 minutes, jusqu'à ce qu'elle soit élastique. Couvrez et laissez reposer 30 minutes environ.

❒ Lorsque la pâte a gonflé, versez l'huile dans une grande poêle à frire sur feu vif.

❒ Humidifiez vos mains avec de l'eau pour éviter que la pâte colle et formez des petites boules. Faites un trou au centre de chacune et déposez-les délicatement dans l'huile. Faites dorer 2 minutes environ de chaque côté. Répétez l'opération jusqu'à épuisement de la pâte.

❒ Dégustez avec du sucre glace, du miel ou de la confiture.

GHRIBIA À L'HUILE

POUR 30 À 40 PIÈCES • PRÉPARATION : 45 MIN • REPOS : 30 MIN
CUISSON : 15 À 20 MIN

1 mesure débordante d'huile (1 verre ou 1 bol) + un peu pour la plaque + ½ mesure de sucre cristallisé + 3 mesures de farine + Cannelle

- Dans un saladier, mélangez l'huile et le sucre. Laissez reposer 30 minutes environ. Ajoutez ensuite la farine en mélangeant jusqu'à l'obtention d'une pâte maniable, pas trop ferme : si la pâte a du mal à se rassembler, ajoutez un peu d'huile.
- Préchauffez le four à 180 °C (th. 6). Formez des boulettes de la taille d'une noix et mettez-les sur une plaque à four huilée. Disposez une pointe de cannelle sur chaque ghribia et enfournez pour 15 à 20 minutes. Laissez refroidir les ghribia avant de les démouler, n'y touchez surtout pas avant, car elles risquent de s'effriter.

PASTILLA AUX AMANDES

POUR 4 PERSONNES • PRÉPARATION : 30 MIN • CUISSON : 20 MIN

16 feuilles de brick + 300 g d'amandes émondées + 1 cuil. à soupe d'huile d'arachide
150 g de sucre en poudre + 50 cl de lait entier + 2 cuil. à soupe de poudre de riz
25 g de beurre + 2 ou 3 cuil. à soupe d'eau de fleur d'oranger, selon le goût
50 g de beurre clarifié

❒ Faites chauffer l'huile d'arachide dans une poêle, ajoutez les amandes et dorez-les pendant quelques minutes. Essuyez-les sur du papier absorbant, puis concassez-les grossièrement. Ajoutez 50 g de sucre et mélangez.

❒ Mettez le lait, 100 g de sucre et la poudre de riz dans une casserole ; portez à ébullition sur feu moyen à vif, en remuant de temps en temps. Réduisez le feu et ajoutez l'eau de fleur d'oranger et le beurre. Faites épaissir en mélangeant constamment. Retirez du feu et laissez reposer à température ambiante.

❒ Préchauffez le four à 200 °C (th. 6-7). À l'aide d'un saladier ou d'un moule à manqué de 23 cm de diamètre environ, découpez 16 disques dans les feuilles de brick. Superposez 2 feuilles de brick, badigeonnez-les de beurre clarifié et disposez-les sur une plaque à pâtisserie recouverte de papier sulfurisé. Enfournez 10 minutes environ, en surveillant attentivement. Faites cuire ainsi tous les disques de pâte.

❒ Dressez 2 disques de feuilles de brick sur une grande assiette, saupoudrez d'amandes concassées. Recouvrez de 2 autres disques et d'amandes concassées. Arrosez de crème au lait. Renouvelez l'opération jusqu'à épuisement des disques de brick. Arrosez de crème au lait et terminez par des amandes concassées. Servez aussitôt.

CRÉPONNÉ

POUR 4 PERSONNES • PRÉPARATION : 15 MIN • CONGÉLATION : 5 À 6 H
CUISSON : 10 MIN

140 g de sucre + 6 à 7 citrons + 2 blancs d'œufs + 1 cuil. à soupe d'eau de fleur d'oranger (facultatif)

- Prélevez le zeste de 2 citrons, puis pressez tous les citrons afin d'obtenir 30 cl de jus. Faites chauffer 75 cl d'eau dans une casserole et versez-y le sucre, laissez-le se dissoudre. Laissez refroidir et ajoutez les zestes et le jus de citron ainsi que la fleur d'oranger.

- Battez les blancs d'œufs en neige ferme et incorporez-les délicatement au liquide (le liquide va flotter en surface, mais il va s'intégrer complètement quand on va battre et mixer à la fin). Versez le créponné dans une boîte et placez-le au congélateur.

- Toutes les 30 minutes, sortez-le. Fouettez l'ensemble au batteur électrique ou grattez à la fourchette et mélangez bien. Au moment de servir, passez quelques minutes le créponné au mixeur pour lui donner la bonne texture. Vous pouvez bien sûr préparer le créponné avec une sorbetière.

GÂTEAUX SERPENTS

POUR UNE DIZAINE DE GÂTEAUX SERPENTS • PRÉPARATION : 15 MIN
CUISSON : 15 MIN

5 feuilles de brick + 1 œuf battu + 70 g de beurre + 400 g d'amandes entières
50 g d'amandes effilées + 5 cuil. à soupe d'eau de fleur d'oranger + ½ cuil. à café de cannelle
+ 3 généreuses cuil. à soupe de sucre glace + 300 g de miel liquide
1 petit bol d'huile de tournesol

- Plongez les amandes entières 5 minutes dans l'eau en ébullition puis mondez-les. Déposez la moitié de ces amandes sur une tôle et grillez-les au four. Hachez finement toutes les amandes avec 1 cuillerée à soupe de sucre glace, puis mélangez-les avec le sucre glace restant, la cannelle, 2 cuillerées d'eau de fleur d'oranger et le beurre mou. Pétrissez cette pâte d'amande quelques minutes puis réservez-la.

- Préchauffez le four à 240 °C (th. 8).

- Coupez en deux les feuilles de brick. Sur le bord arrondi d'une demi-feuille, posez un petit boudin de pâte d'amande de 1 cm environ de diamètre. Enroulez-le dans la feuille de brick comme un long cigare tout en collant la feuille à l'œuf battu, puis enroulez ce cigare sur lui-même, en escargot.

- Procédez ainsi jusqu'à épuisement des ingrédients.

- Posez les gâteaux serpents sur une tôle, arrosez-les d'huile et cuisez-les au four jusqu'à ce qu'ils soient dorés.

- Profitez de la chaleur du four pour y griller les amandes effilées. Chauffez le miel avec le reste d'eau de fleur d'oranger pour le rendre liquide. Arrosez les gâteaux encore chauds de ce miel aromatisé, et parsemez-les d'amandes.

BISCUITS AUX AMANDES ET AUX RAISINS SECS

POUR 40 BISCUITS • PRÉPARATION : 40 MIN • REPOS : 2 H • CUISSON : 25 MIN

150 g d'amandes émondées + 125 g de raisins secs + 125 g de sucre en poudre
1 gros œuf (ou 2 petits) + 40 g de beurre + 300 g de farine + 1 sachet de levure

❒ Hachez grossièrement les amandes. Faites fondre le beurre à feu très doux dans une petite casserole.

❒ Battez le sucre et l'œuf jusqu'à ce que le mélange blanchisse. Ajoutez le beurre fondu et mélangez. Incorporez la farine et la levure petit à petit, pétrissez jusqu'à l'obtention d'une pâte souple. Ajoutez les amandes hachées et les raisins secs.

❒ Divisez la pâte en quatre et formez des rouleaux de 3 ou 4 cm de diamètre. Déposez-les au fur et à mesure sur une tôle à pâtisserie recouverte de papier sulfurisé. Laissez lever dans un endroit tiède pendant 2 heures.

❒ Préchauffez le four à 150 °C (th. 5). Enfournez les rouleaux et faites-les cuire pendant 10 minutes. Ils ne doivent pas colorer. Retirez du four et laissez refroidir.

❒ Coupez les rouleaux en rondelles de 5 mm d'épaisseur. Posez-les sur la tôle à pâtisserie et faites-les cuire 15 minutes, jusqu'à ce qu'ils soient dorés. Laissez-les refroidir. Les biscuits doivent être secs et croquants.

SABLÉS MARRAKCHIS

POUR 50 PETITS SABLÉS ENVIRON • PRÉPARATION : 30 MIN • CUISSON : 20 MIN

500 g de farine de blé + 1 sachet de levure chimique + 100 g de beurre ou de beurre rance
150 g de sucre glace + 100 g de graines de sésame + 30 cl d'huile de tournesol
1 cuil. à soupe d'eau de fleur d'oranger + 1 cuil. à café de thym séché + 1 pincée de sel fin

❒ Faites fondre le beurre avec le thym. Faites dorer à sec le sésame, dans une poêle munie d'un couvercle (les graines sautent !), puis mélangez-le avec la farine, la levure, le beurre fondu, le sel, le sucre glace, la moitié de l'huile et l'eau de fleur d'oranger. Travaillez la pâte à la main dans un saladier, puis posez-la sur un plan de travail et écrasez-la plusieurs fois. La pâte est très friable mais en la travaillant longuement, en l'écrasant dans les mains, en ajoutant petit à petit l'huile restante, elle finit par prendre la consistance idéale.

❒ Préchauffez le four à 220 °C (th. 7).

❒ Façonnez des boules de pâte de la taille d'une grosse noix. Aplatissez-les légèrement puis posez-les sur les parties convexes de la tôle. Faites cuire les sablés de 15 à 20 minutes, jusqu'à ce qu'ils soient dorés.

❒ Patientez au moins 4 heures avant de les déguster pour laisser au sésame le temps de les parfumer.

GHORIBA AUX AMANDES

POUR UNE VINGTAINE DE PETITS GÂTEAUX • PRÉPARATION : 20 MIN
CUISSON : 20 MIN

250 g de semoule fine + 200 g de poudre d'amande + 125 g de sucre + 2 œufs
100 g de beurre + Une vingtaine d'amandes émondées

- Faites fondre le beurre dans une petite casserole sur feu très doux, puis laissez-le tiédir. Battez les œufs et le sucre au fouet, jusqu'à ce que le mélange blanchisse. Ajoutez la semoule et pétrissez bien. Incorporez la poudre d'amande, malaxez soigneusement, puis ajoutez le beurre fondu. Le mélange doit être homogène.

- Préchauffez le four à 150 °C (th. 5). Formez des boules de pâte de la taille d'une grosse noix et aplatissez-les. Posez une amande sur chaque ghoriba. Rangez les petits gâteaux au fur et à mesure sur une tôle à pâtisserie recouverte de papier sulfurisé. Faites cuire 20 minutes.

- Laissez refroidir.

KHOBZ EL BEY

POUR 8 PERSONNES • PRÉPARATION : 15 MIN • CUISSON : 45 MIN

Pour le gâteau : 250 g d'amandes moulues (ou d'un mélange amandes-noisettes)
4 à 5 œufs selon la taille (à peu près 250 g) + 100 à 125 g de sucre semoule + 1 sachet de sucre vanillé ou un peu d'extrait de vanille + 250 g de chapelure + Le zeste de 1 citron
1 cuil. à soupe d'eau de fleur d'oranger + 125 g de beurre fondu + un peu pour le moule
1 sachet de levure chimique + Amandes effilées + 1 pincée de sel + Miel + Farine
Pour le sirop : 500 g de sucre + 2 cuil. à soupe d'eau de fleur d'oranger

❒ Préparez le sirop. Mélangez le sucre avec ½ litre d'eau. Mettez sur le feu et portez à ébullition. Laissez bouillir 20 minutes à petits bouillons. Ajoutez l'eau de fleur d'oranger (ou 2 cuillerées à soupe de miel dilué dans un peu d'eau de fleur d'oranger).

❒ Battez les œufs avec le sucre semoule. Ajoutez la chapelure, les amandes, le sucre vanillé ou l'extrait, le zeste de citron, la fleur d'oranger, le sel, puis incorporez le beurre fondu. Ajoutez enfin la levure chimique et mélangez.

❒ Préchauffez le four à 180 °C (th. 6). Beurrez et farinez un grand moule ou des petits moules en silicone, puis versez la préparation dedans. Saupoudrez d'amandes effilées, enfournez pour 40 à 50 minutes : le gâteau doit gonfler et prendre une belle couleur dorée. À la sortie du four, arrosez-le de miel.

CORNES DE GAZELLE

POUR 20 CORNES DE GAZELLE • PRÉPARATION : 1 H • CUISSON : 15 MIN

10 cl d'eau de fleur d'oranger + 80 g de sucre glace + Huile
Pour la pâte d'amande : 250 g d'amandes émondées ou de poudre d'amande
150 g de sucre + 1 cuil. à soupe d'eau de fleur d'oranger + 30 g de beurre
Pour la pâte : 120 g de farine + 1 cuil. à soupe d'eau de fleur d'oranger
1 cuil. à soupe de beurre fondu + 1 pincée de sel

- Préparez la pâte d'amande. Faites fondre le beurre sur feu très doux. Mélangez la poudre d'amande, le sucre et l'eau de fleur d'oranger. Ajoutez le beurre fondu et remuez bien. Formez des boulettes de la taille d'une noix, puis roulez-les en petits boudins.

- Préchauffez le four à 150 °C (th. 5). Mélangez tous les ingrédients de la pâte et pétrissez énergiquement pour obtenir une préparation homogène.

- Prenez un morceau de pâte de la taille d'une orange et étalez-la au rouleau en une longue bande de 1 mm d'épaisseur. Déposez des petits boudins de pâte d'amande côte à côte dans la longueur, en les espaçant de 4 cm. Repliez la bande de pâte sur la pâte d'amande. Pressez les bords avec les doigts de façon à bien les souder. Découpez des demi-lunes avec une roulette dentée, puis incurvez-les pour leur donner une forme de croissant. Piquez légèrement les cornes de gazelle. Posez-les au fur et à mesure sur une plaque huilée en les espaçant suffisamment. Renouvelez l'opération jusqu'à épuisement des ingrédients.

- Faites cuire au four pendant 15 minutes. Les cornes doivent être à peine dorées.

- Faites chauffer l'eau de fleur d'oranger sur feu doux. Trempez-y rapidement les cornes de gazelle, puis passez-les dans le sucre glace.

MAKROUT AUX DATTES

POUR 40 PIÈCES • PRÉPARATION : 1 H • REPOS : 1 H • CUISSON : 25 À 30 MIN

Pour la pâte : 3 bols de semoule fine + 1 bol de smen ou beurre clarifié + ½ cuil. à café de sel
Eau de fleur d'oranger

Pour la farce : 500 g de pâte de dattes écrasées + 2 cuil. à soupe de beurre
100 g de graines de sésame grillées + ½ cuil. à café de cannelle (facultatif) + Eau de fleur d'oranger + Huile

Pour servir : Miel + eau de fleur d'oranger

Préparez la pâte. Tamisez la semoule et le sel dans un grand plat. Mélangez avec le beurre fondu en frottant longuement entre les paumes des mains. Selon sa qualité et son pouvoir d'absorption, mettez plus ou moins de smen pour donner plus de fondant. Laissez reposer 1 heure ou plus.

Mouillez progressivement la pâte avec l'eau de fleur d'oranger mélangée à la même quantité d'eau en travaillant doucement du bout des doigts, sans pétrir, jusqu'à l'obtention d'une pâte souple, ni trop sèche ni trop humide, en fonction du degré d'absorption de la semoule. Laissez reposer quelques minutes à couvert.

Préparez la farce. Travaillez la pâte de dattes écrasées avec le beurre, un peu d'eau de fleur d'oranger et la cannelle, pour avoir une consistance souple. Ajoutez les graines de sésame grillées.

Avec les mains huilées, formez des boudins que vous placez sur un plat huilé. Reprenez la pâte. Prélevez une boule de la taille d'une orange et façonnez un boudin, puis creusez une rigole avec le doigt. Placez-y un boudin de pâte de dattes, enfermez ce dernier en pinçant la pâte. Roulez encore pour allonger le boudin. Aplatissez avec un moule spécial makrout pour donner l'empreinte d'un motif décoratif, puis découpez les makrouts au couteau.

Placez-les sur une plaque à four tapissé de papier cuisson en les serrant pour empêcher que la pâte de dattes ne brûle. Préchauffez le four à 180 ou 200 °C (th. 6-7). Enfournez pour 25 à 30 minutes : surveillez la cuisson, arrêtez dès l'obtention d'une couleur légèrement dorée. Laissez refroidir totalement avant de les décoller de la plaque.

Placez-les dans une boîte hermétique et conservez-les au sec jusqu'à 1 mois. Au moment de les déguster, arrosez-les de miel tiède parfumé à l'eau de fleur d'oranger.

BAGHRIR

POUR 4 PERSONNES • PRÉPARATION : 20 MIN • REPOS : 25 MIN • CUISSON : 15 MIN

125 g de farine type 55 + 1 sachet de levure chimique + 20 g de levure de boulanger
250 g de semoule fine + 1 cuil. à soupe de sucre en poudre + 2 cuil. à soupe d'huile de tournesol + 1 cuil. à café de sel + ¾ l d'eau tiède
Pour servir : Beurre et miel

- Diluez la levure chimique, la levure de boulanger et le sucre dans 2 cuillerées à soupe d'eau tiède. Versez ce mélange dans un saladier avec la semoule, la farine et le sel.
- Incorporez le reste de l'eau tiède progressivement dans la préparation sans cesser de remuer (utilisez un mixeur si nécessaire). Couvrez et laissez reposer pendant au moins 25 minutes.
- Remuez la pâte et versez un quart de louche dans une poêle légèrement huilée sur feu doux. Étalez doucement la pâte dans la poêle avec le dos de la louche. Faites cuire sur une face jusqu'à ce que le dessus de la crêpe ne soit plus pâteux et que les trous se soient formés. Répétez l'opération jusqu'à épuisement de la pâte.
- Dégustez avec du beurre et du miel.

FIGUES AU MIEL

POUR 4 PERSONNES • PRÉPARATION : 5 MIN • CUISSON : 30 MIN

12 figues fraîches bien mûres + Le jus de 2 oranges + 1 cuil. à soupe de miel
1 pincée de cannelle

❒ Lavez les figues et essuyez-les délicatement. Placez-les dans une casserole, arrosez-les avec le jus d'orange, le miel et la cannelle. Faites cuire le tout à feu doux pendant 30 minutes environ.

❒ Disposez les figues dans un plat. Faites réduire le jus sur feu doux jusqu'à ce qu'il ait une consistance sirupeuse, versez sur les fruits et servez tiède.

DATTES ET PRUNEAUX FOURRÉS

POUR POUR UNE TRENTAINE DE FRIANDISES • PRÉPARATION : 40 MIN

250 g d'amandes émondées + 250 g de sucre en poudre + un peu pour le décor
1 cuil. à soupe d'eau de fleur d'oranger + Quelques gouttes de colorant alimentaire rouge et vert + 125 g de pruneaux + 125 g de dattes

- Mettez les amandes, le sucre et l'eau de fleur d'oranger dans le bol d'un robot. Actionnez jusqu'à obtenir une consistance pâteuse.
- Transférez le mélange dans une casserole et faites chauffer à feu très doux pendant 4 ou 5 minutes, sans laisser caraméliser. Passez de nouveau au robot. Divisez la pâte en trois, ajoutez quelques gouttes de colorant rouge dans la première part, de colorant vert dans la deuxième et laissez la troisième nature.
- Dénoyautez les dattes et les pruneaux en les entaillant dans le sens de la longueur. Formez de petites boules de pâte d'amande de la taille d'une noix et fourrez-en les fruits secs. Saupoudrez de sucre. Conservez à l'abri de la lumière dans un endroit frais et sec.

SALADE D'ORANGES À LA CANNELLE

POUR 4 À 6 PERSONNES • PRÉPARATION : 10 MIN

1 kg d'oranges à bouche + Le jus de 1 citron + 1 petit bouquet de menthe + 2 cuil. à soupe d'eau de fleur d'oranger + 1 cuil. à soupe de sucre glace + 1 cuil. à soupe de cannelle en poudre

- Pressez 1 orange, mélangez son jus à celui du citron, puis ajoutez la cannelle, le sucre glace, l'eau de fleur d'oranger et la menthe grossièrement hachée.

- Pelez les oranges et détaillez-les en rondelles de 3 mm d'épaisseur. Répartissez-les sur les assiettes, arrosez-les de jus parfumé à la cannelle et servez aussitôt. Vous pouvez parsemer les oranges de quelques amandes effilées ou hachées, et grillées à sec.

LAIT D'AMANDE À LA FLEUR D'ORANGER

POUR 1 LITRE • PRÉPARATION : 10 MIN

200 g d'amandes émondées + 100 g de sucre + 1 l de lait + 3 cuil. à soupe d'eau de fleur d'oranger

Mixez les amandes avec le lait et le sucre. Ajoutez l'eau de fleur d'oranger. Servez bien frais.

KÉFIR DE LAIT EXPRESS

POUR 1 BOUTEILLE DE KÉFIR • PRÉPARATION : 5 MIN • FERMENTATION : 24 H

1 l de lait de vache entier ou demi-écrémé + 1 sachet de ferments pour kéfir de lait

- Dans une tasse, délayez la dose de ferment avec un peu de lait. Ajoutez petit à petit du lait en remuant. Transvasez dans un récipient d'une contenance de 1 litre et ajoutez le restant de lait. Remuez bien.

- Couvrez d'une gaze ou d'un tissu fin et laissez reposer 24 heures environ à température ambiante : la fermentation va se réaliser. Elle sera terminée lorsque le lait aura épaissi et vous pourrez alors consommer le kéfir. Transvasez dans une bouteille et placez au frais et consommez-le dans les 2 jours.

- Pour un kéfir plus pétillant et moins doux, il faut, au moment où le lait épaissit au cours de la fermentation, agiter le kéfir et fermer le récipient hermétiquement. Ensuite, laissez à température ambiante de 12 à 24 heures avant de placer au réfrigérateur pour une consommation dans les 2 jours.

SMOOTHIE À L'AVOCAT

POUR 2 PERSONNES • PRÉPARATION : 10 MIN

½ avocat mûr + 25 cl de lait d'amande + 1½ banane + 2 cuil. à soupe de beurre de cacahuètes ou d'amandes + 3 glaçons + 1 datte + 1 pincée de cannelle en poudre

❐ Retirez la peau et dénoyautez l'avocat. Coupez la banane et la datte dénoyautée en morceaux.

❐ Mettez dans le mixeur l'avocat, les bananes, le beurre d'amandes, la datte, la cannelle et les glaçons.

❐ Versez le lait d'amande et mixez jusqu'à l'obtention d'un liquide homogène.

THÉ À LA MENTHE

POUR 6 PERSONNES • PRÉPARATION : 10 MIN

1 cuil. à soupe de thé vert de type Gunpowder + 1 bouquet de menthe ou d'absinthe
Sucre en morceaux (suivant les goûts ; 6 pour 6 verres environ)

- Rincez la théière avec de l'eau chaude et lavez la menthe.
- Faites bouillir de l'eau. Mettez le thé dans la théière. Versez 1 verre d'eau bouillante pour lui retirer son amertume, puis jetez l'eau. Remplissez de nouveau la théière. Ajoutez la menthe après l'avoir écrasée entre vos mains, ainsi que le sucre. Laissez reposer 2 ou 3 minutes.
- Mélangez bien en transvasant plusieurs fois le thé dans un verre puis dans la théière.
- Lorsque vous servez, faites mousser le thé en levant bien haut la théière au-dessus du verre. La mousse qui se forme à la surface du thé, également appelée « turban », est le signe d'un thé réussi.

INDEX

RECETTES :

ALahcen Aït-Lachgar : 14, 11, 16, 17, 40, 42, 44, 49, 60, 84, 105, 126, 127, 132, 140, 164, 166, 182, 189 ; Valérie Lhomme/ Bouchra Derraqui : 9, 32, 34, 96, 108, 131, 144, 170, 174, 183 ; Imane Zekri/Arelette Arnoult : 10, 12, 8, 26, 33, 36, 37, 38, 41, 62, 72, 88, 89, 102, 104, 112, 117, 118, 120, 138, 142, 157, 158, 168, 172, 175, 178, 183, 184, 186 ; Solveig Darrigo-Dartinet : 20, 22 ; Martine Lizambard : 35, 48, 58, 70, 74, 76, 78, 80, 82, 86, 98, 100, 109, 110, 114, 116, 124, 136, 138, 151, 146, 150, 152, 156, ; Véronique Liégeois : 19, 52 ; D.R. : 54 ; Valérie Bestel : 66 ; Catherine Bourron /Normand Béatrice Vigot-Lagandré : 68 ; Nadjette Guidoum : 56, 64, 90, 92, 94, 106, 128, 130 ; Bouchra Atita : 4, 24, 28, 30, 46, 50, 154, 160 ; Sherazade Laoudedj : 6, 19, 25, 39, 148, 167, 169, 176, 180 ; Julie Bocage : 148 ; Céline Mennetrier : 187 ; Zoé Armbruster : 188.

PHOTOGRAPHIES ET STYLISME :

Bernard Radvaner : 15, 11, 16, 17, 40, 43, 45, 48, 49, 59, 60, 85, 101, 105, 109, 126, 127, 132, 140, 165, 166, 182, 189 ; Akiko Ida : 9, 32, 34, 97, 108, 131, 145, 170, 174, 185, 189 ; Valéry Guedes/Natacha Arnoult : 10, 13, 8, 27, 33, 36, 37, 38, 41, 63, 73, 88, 89, 104, 113, 117, 118, 120, 135, 142, 157, 158, 168, 172, 175, 178, 183, 184, 186 ; Éric Fénot/Delphine Brunet : 21, 23, 69 ; Rina Nurra/Lissa Streeter : 35 ; Bernard Radvaner/Motoko Okuno : 53 ; © Asset/ Photocuisine/ Sucré-Salé : 55 ; Pierre-Louis Viel : 67 ; Nicolas Leser/Ulrike Skadow : 57, 65, 91, 93, 95, 107, 129 ; Guillaume Czerw/ Sophie Dupuis-Gaulier : 103 ; ©Thys/Supperdelux/Photocuisine/Sucré-Salé : 130 ; Amélie Roche/Sandra Schumann : 5, 24, 29, 31, 47, 51, 155, 161 ; Pierre Chivoret/Alexia Chivoret : 7, 19, 25, 39, 149, 167, 169, 177, 181 ; Nathalie Carnet / Manuela Chantepie : 149 ; Valéry Guedes : 187 ; Zoé Armbruster : 188 ; Atelier Chez elles : 19.

Direction : **Didier Férat**

Direction éditoriale : **Fanny Ecochard-Martin**

Édition : **Marjorie Goussu**

Création graphique de la couverture : **Chloé Senget**

Création graphique de la maquette intérieure : **Julia Philipps**

Photogravure : **Nord Compo**

Fabrication : **Laurence Duboscq**

92, avenue de France, 75013 Paris, France

serviceclients@lisez.com

ISBN : 978-2-263-19048-3

Code éditeur : L19048/01

Dépôt légal : janvier 2025

Imprimé en Espagne par Macrolibros